AF454452

CONÓCETE A TI MISMO

Perfil espiritual de las cuatro distintas
personalidades de los humanos

ALEXANDER O. EMOGHENE

C O N T E N T S

PARTE 1

PARTE 2

NOTA PARA EL LECTOR

Para aclarar las diferencias entre cada personalidad, Dios hizo al hombre equilibrado en espíritu, alma y cuerpo, y luego imbuyó a la humanidad con habilidades sobrenaturales para llevar a cabo Su dominio sobre la Tierra (Génesis 1:26-27).

Mi esperanza y oración por este libro es reforzar el proceso de restauración del hombre a través de Cristo y facilitar la revelación de Dios para que la humanidad vuelva a su propósito original. Se necesitará una fuerte combinación de personalidades tanto de líder como de seguidor para llevar a la humanidad al lugar de la autoridad total y la liberación para emerger como el ser humano ideal.

Desde la perspectiva del reino, los científicos sociales y los evolucionistas, todos encontrarán los diversos conceptos de este libro vitales para juzgar la mejor manera de determinar el crecimiento del aprendizaje. Además, las estrategias transmitidas en este libro fomentarán aún más la aplicabilidad a la mejora del aprendizaje estructural a niveles de diferentes disciplinas en las sociedades en general. Las escrituras pintan el cuadro original, ilustrando estas personalidades únicas en términos claros.

En las estructuras de estudio secular, las personas están orientadas a verse a sí mismas como poseyendo solo una de estas personalidades, mientras que, desde el punto de vista del reino, todos poseen todas estas personalidades. El proceso de restauración, sin embargo, revelará al individuo qué personalidad es primaria y cuáles son las secundarias, trayendo así equilibrio al corazón de la persona.

En una escala masiva, cuando una sociedad está armada con tal entendimiento, puede aceptar fácilmente y tomar las medidas necesarias para explotar la vasta riqueza de dones y talentos enterrados entre la población en general.

La diversidad en las comunidades más grandes es un tesoro para cualquier sociedad. Si esa fortaleza se puede aprovechar mediante la planificación estratégica, la enseñanza y la creación de oportunidades en el sistema educativo, los estudiantes llegarán a conocer su personalidad y la importancia de explorar y usar su «poder», por así decirlo. Esta estructura proporcionará una plataforma lo suficientemente formidable para facilitar el descubrimiento y la introducción de un liderazgo transformacional nuevo, significativo e impactante.

A medida que sigas leyendo, descubrirás la rica reserva que Dios ha puesto en ti y cómo puedes aprovecharla. Mi esperanza es que te aprecies a ti mismo, a tus compañeros y posiblemente encuentres tu llamado y asignación en Dios. Después, también podrás convertir estos descubrimientos en un arma para crear un impacto positivo entre tus familias, tus comunidades y tu nación.

Espero y oro para que este libro cumpla su propósito, que es llevarte a un verdadero lugar de sanación y empoderamiento a través del autodescubrimiento, la recuperación del don y el descubrimiento de Dios. Un lugar donde nos damos cuenta de que todas estas cualidades están enterradas profundamente dentro de nosotros por Dios como potencial para ser exploradas, recuperadas y disfrutadas (Salmo 23:3).

¡Feliz lectura!

AGRADECIMIENTOS

En primer lugar, para Su más excelencia, el supremo creador de todas las cosas, el omnisciente, el Padre de gloria y la maravilla de los siglos venideros, el Señor Jesucristo, su presencia manifestada en la carne y el portador de la presencia de Dios y Su excelencia, el Espíritu Santo, le agradezco por permitirme escribir este libro.

También quiero agradecer a mi amada y querida esposa, Judith, por ser esa voz implacable de aliento para mí, desde el momento en que puse la pluma sobre el papel, hasta la finalización de este libro. Gracias por todo tu apoyo y por estar siempre a mi lado, haces que todo sea fácil para cumplir la voluntad de Dios.

Por último, pero no menos importante, me gustaría agradecer el liderazgo fiel y los miembros de la junta de nuestra iglesia, Claypot Church International; pastores Cosmea Kambel y Tamara Bronner, su consistencia y disponibilidad constante para intervenir y cumplir la obra de Dios no pasa desapercibida. También, al pastor Carl

Dennis, pastor de Kingdom Central Birmingham, y mi decano en KISOM (escuela internacional de ministerios de Kingsway) por su invaluable consejo y apoyo en este proceso. Además, a los miembros y la familia de Claypot Church International, les expreso mi gratitud por sus oraciones, apoyo, lealtad y sumisión que me permitieron desarrollar los conceptos de este libro.

Estoy muy agradecido a todos los mencionados y a quienes no he mencionado, que contribuyeron directa o indirectamente a la realización de este libro, bendiciones a todos.

El modelo de discipulado en la iglesia del siglo XXI está recibiendo una actualización de algunos de los patrones religiosos del pasado. Hace varios años, en una cumbre profética estatal, profeticé que el Señor iba a cambiar el modelo de discipulado de la iglesia de una oveja pastora a abrazar el rasgo de cuatro caras que encontramos en Ezequiel. Mientras leía el borrador del libro de Ps Alexander Emoghenes, sentí que estaba leyendo el manual de operaciones sobre cómo se debe superar este discipulado. No solamente apoyo la revelación apostólica que le escribo en este libro, sino también al ministro que lo ha escrito. Ps Alexander es un ministro dinámico en el cuerpo de Cristo y un gran dotado de los santos. Animo a que trabajen en los capítulos lentamente y en oración pidiendo al Espíritu Santo que transforme sus pensamientos y percepciones sobre quién es y de qué es capaz.

David Balestri
Coordinador de la coalición australiana de líderes apostólicos (ACAL)

«Conócete a ti mismo» es un requisito previo para maximizar el potencial que Dios te ha dado y minimizar las responsabilidades en la vida. El autodescubrimiento es un arte y una habilidad que se debe desarrollar a toda costa si se debe cumplir el destino.

En su libro más reciente, «Conócete a ti mismo», el pastor Alexander ha capturado la esencia y la importancia de conocerse a uno mismo, ya que juega un papel fundamental en el cumplimiento final del hombre de su destino ordenado por Dios.

El libro «Conócete a ti mismo» es un compendio de conceptos probados por el tiempo, un libro conciso que ilumina y nos ayuda a comprender, aclarando las diferencias de las personalidades de la humanidad. Al final, ese hombre descubrirá, desarrollará y desplegará sus capacidades innatas mientras busca cumplir sus destinos ordenados por Dios en la tierra. En términos sencillos, el Pastor Emoghene cataloga los beneficios y factores críticos que se deben involucrar en conocerse a sí mismo que engendra al hombre corporativo a vivir su máximo potencial.

Hemos visto destinos truncados y destruidos ya sea en familias, ministerios o cualquier empresa por el desconocimiento de uno mismo. En consecuencia, el hombre está insatisfecho en la vida y frustrado a niveles sin precedentes con el sueño de vivir una vida plena como producto de su imaginación. El libro «Conócete a ti mismo» apareció para un momento como este y para ayudar a empoderar a la Iglesia y restablecer los principios de Dios sobre el autodescubrimiento como se articula en Su Palabra.

En este libro, Dios usa al pastor Alexander Emoghene como una voz profética y un catalizador para darle a la Iglesia un cambio de mentalidad y permitir que el creyente promedio comprenda lo que yo llamo autenticidad humana, maximizando así adecuadamente el potencial para convertirse en todo lo que Dios ha ordenado.

En oración, recomiendo este libro a ti, tu familia y tus ministerios. Mejorará tu comprensión y confianza en saber quién eres.

Dr. Richard ONEBAMOI
Centro de adoración Living Stone World
Bruselas, Bélgica

«Conócete a ti mismo» ha despertado en mí una nueva forma de curiosidad; no estaba al tanto de las 4 personalidades que tenemos como seres humanos. Para mí, este libro es una guía para explorar mi verdadero yo y las 4 personalidades que hay en mí. Además de eso, es una lectura muy agradable. Alexander ha escrito este libro de una manera que crea interés y genera la curiosidad de uno de tal manera que te gustaría leerlo de una vez; continuamente queriendo saber lo que viene a continuación, ¿qué voy a aprender a continuación?

Este libro debe considerarse un libro de texto para cristianos. Tal como los judíos tienen el Talmud, deberíamos tener más enseñanzas como esta para profundizar en la sabiduría infinita de la Santa Biblia y adquirir más sabiduría y comprensión. Esta es una lectura obligatoria para todo cristiano en busca de su propósito en la vida. Este libro te ayudará en tu expedición para conocer tu verdadero yo.

Jane Martie-Chatlein
Coordinador
SKIN-Rotterdam

«Conócete a ti mismo» es como el propio autor: ¡un libro honesto! Tiene una construcción lógica a partir de un fundamento bíblico, reflexiones personales e implicaciones prácticas. El mensaje central del libro (en mis palabras) es: 'Ya está ahí, Dios lo plantó dentro de ti'. Se trata de ser quien eres a través de la conciencia y elegir desarrollarte cultivando lo que ya está en ti. En todo caso, en este tiempo nos damos cuenta de que no podemos diseñar

el mundo como lo queremos. Sin embargo, en este quebrantamiento podemos llegar a nuestra potencia y 'dar espacio' a quienes somos en el fondo, de acuerdo con el propósito de Dios con la humanidad. Recomiendo este libro a cualquiera que necesite una reconfirmación sobre su base en cómo Dios quiere que seamos; equilibrado en espíritu, alma y cuerpo. De una manera única, este libro refleja el deseo del autor de alentar a las personas a tener un propósito. De la misma manera, está comprometido en su papel como miembro de la junta directiva de SKIN-Rotterdam, donde se esfuerza por construir puentes entre las iglesias, el gobierno y la sociedad, promoviendo que las comunidades vivan en unidad en la diversidad de Juan 17, además de alentar a las iglesias internacionales a convertirse en una voz poderosa en la sociedad.

Karin de Schipper
Director SKIN Rotterdam
Unidad, diversidad, poder

INTRODUCCIÓN

El deseo de marcar la diferencia es el llamado más grande de Dios. Hay una gran cantidad de herramientas asombrosas en este libro para ayudarte a convertirte en el instrumento de cambio que deseas ser.

El propósito de este libro no es convertirte en un juez de carácter, sino ayudarte a facilitar tu crecimiento y el de los demás. Esta comprensión puede ser la diferencia entre conocerse a ti mismo y mejorar en lo que sea que hagas.

«Y el aspecto de sus caras era cara de hombre, y cara de león al lado derecho de los cuatro, y cara de buey a la izquierda en los cuatro; asimismo había en los cuatro cara de águila» (Ezequiel 1:10).

[7] La primera criatura viviente (ser) era como un león, la segunda criatura viviente como un buey, la tercera criatura viviente tenía cara de hombre, y la cuarta criatura viviente [era] como un águila voladora.

En esta escritura, vemos a la humanidad en toda su gloria, color y vitalidad. El hombre está en la gloria de Dios en todo su estado de poder. En esta revelación, se expresa que la humanidad posee un equilibrio en espíritu, alma y cuerpo. No está corrompido por las debilidades del pecado y la muerte. No estaba contaminado de ninguna manera o forma. Se encuentra en la plenitud de sus cuatro personalidades originales.

De hecho, al principio, el hombre refleja todo el poder y la fuerza de su creador. Cuando revelamos el tema de las personalidades de la humanidad, nos enfrentamos a una demostración de Dios en amor y acción. Durante su creación de la humanidad, puso en ellos el deseo fundamental de buscar un propósito y la responsabilidad de llevarlo a cabo. Hizo todo lo posible para adornar a la humanidad con belleza, esplendor y autoridad. Una vez que hubo terminado, no hubo nada más que agregar; el hombre era perfecto porque le había dado a la humanidad lo mejor.

Alguien que sabe quiénes son, es una persona que ha descubierto la identidad divina y por qué existen. Por así decirlo, han respondido a la pregunta del propósito de la existencia. Una respuesta que sin duda resuelve la cuestión del propósito, el sentido y la felicidad. Este estado iniciará asegurarse profundamente de la relevancia de las personas en la sociedad. Lo más probable es que salgan de esa existencia relajada y despreocupada, que a menudo está plagada de conjeturas y la actitud de «ver dónde caen las fichas ante la vida», hacia una vida más significativa e impactante, enriquecedora del mundo que los rodea.

Una persona que sabe quién es, también comprenderá el mundo en el que vive y el mundo en el que debe vivir. Aquí es donde comienza tu tarea. Por ejemplo, si conoces un pueblo donde no hay electricidad, lo que hace que sea insoportable y caluroso, entonces tu tarea es asegurarte de que haya electricidad en ese municipio. Tomar esta causa califica estar vivo. Jesús lo expresó de esta manera: «Por esto vine a esta hora». ¿Cuál es tu causa? ¿Cuál es esa causa que te mantiene despierto? Bueno, una forma de averiguarlo proviene del descubrimiento de cómo funcionan las personalidades en todo tipo de entornos.

Dicen que un tuerto en la ciudad de los ciegos se convierte automáticamente en su líder. Esto significa que conocerte a ti mismo simplemente te convertirá en un líder dondequiera que estés porque ahora puedes guiar a otros para que también descubran quiénes son.

Siempre es desalentador, también doloroso ver a hombres jóvenes cometiendo diversos delitos y mujeres jóvenes pensando que la única opción para el éxito en la vida es ofrecer sus cuerpos a todo tipo de estilos de vida comprometedores y cuestionables. Estas personas han crecido creyendo en la información incorrecta y se han quedado demasiado tiempo en un lugar donde la luz nunca se enciende.

Alguien que sepa por qué es quien es, estará en paz consigo mismo. Hay muchas personas que viven sus vidas de acuerdo con lo que ven en los demás. También hay personas que andan buscando a otras personas a las que les gustaría parecerse. ¡Estos son imitadores, en los que muchos se vuelven excepcionalmente buenos!

Sin embargo, supongo que el lugar, y el poder de la responsabilidad, significa que sacamos un tiempo valioso para excavar en las grietas de nuestras almas y descubrir las alegrías de ser quienes somos. Abre poderosas oportunidades que Dios diseñó para capacitar a los humanos para que evolucionen hacia algo más grande que nuestra realidad actual.

Resolver convertirse en un imitador parece ser el comportamiento más «aceptable» en los tiempos actuales porque la mayoría de las personas se ven tentadas en algún momento de sus vidas a adaptarse. Existe este fuerte impulso en nuestra sociedad; que dice, «¡necesitamos modelos a seguir!». Exige una respuesta a la adaptación en acciones y comportamientos, por lo que muchos ciertamente han producido el crecimiento deseado. Entonces, hay momentos en los que debemos emular buenas características como el respeto, el honor, el crecimiento, la autoestima, la seguridad o la confianza. Sin embargo, necesitamos desarrollar la inteligencia suficiente para saber apartarnos de las propensiones negativas como el orgullo, la arrogancia, los malos hábitos, la falta de respeto o la confusión.

Una persona que sabe quién es siempre es consciente y productiva con lo que tiene. Por ejemplo, un alfarero hábil siempre reconocerá sus dones y personalidad en el arte de la alfarería al crecer en destreza, lo que lo llevará a terrenos aún más elevados. ¿Por qué? Esto se debe simplemente a que está cien por ciento seguro de que está haciendo exactamente lo que fue diseñado para hacer.

Conocerte a ti mismo, tu personalidad, tus talentos y tus dones también es uno de los factores importantes para saber quién eres porque inspira lo que estás dispuesto a desarrollar, tanto implícita como explícitamente. El impulso se convertirá en «¿cómo se puede manifestar el potencial en realidades?». Tu personalidad, cuando se desarrolla, te hace superior. Te vuelve a poner en el lugar de dominio y plenitud. Por otro lado, puede avivar todo tipo de complejos de inferioridad en el mundo de uno cuando se ignora. Conocer tu personalidad te separa de la multitud porque ahora ves una grandeza en ti que los demás no ven.

Hoy en día, es casi imposible ver a personas exitosas que todavía estén en su sano juicio. Dondequiera que miremos, nos preguntamos cómo alguien puede ser tan rico y famoso y seguir actuando fuera de lugar, pero por alguna razón inspirar respeto. Esto se debe simplemente a que la verdadera riqueza y el éxito comienzan con saber quién eres y qué tienes en tu interior, y es bastante difícil para la mayoría de la gente entender que el dinero o la gente no pueden decirte quién eres.

Descubrir quién eres es fundamental para vivir. En el momento en que lo haces, comienzas a vivir. Es en esta comprensión que el dinero y la carrera de ratas adquiere una energía totalmente diferente. Es inútil en comparación con la belleza y el valor que has descubierto en tu interior.

Así que ahora el dinero no te hace rico, tú haces rica a la gente. Tomando una hoja de la experiencia del apóstol Pablo, que escribió la mayor parte del nuevo testamento de la Biblia, lo expresa de esta manera: «Como apesadumbrado, pero siempre gozoso; como pobres, pero enriqueciendo a muchos; como si no tuviera nada y, sin embargo, lo poseyera todo. Entonces, de ninguna manera estoy justificando la falta como una virtud. Al contrario, estoy impulsando la revelación de que no hay nadie en este planeta que no posea nada con lo que servir al mundo. El mismo hecho de que uno esté vivo connota que el potencial está esperando desesperadamente para manifestarse. Incluso el «aparentemente» débil entre nosotros, en cualquier comunidad, tiene la propensión a encender la creatividad de Dios en todos nosotros.

Pero Jesús de Nazaret desentrañó este concepto, mientras respondía a la pregunta sobre un niño ciego. Dirigió los corazones y las mentes de sus discípulos, lejos del sentimiento de victimización y hacia la responsabilidad.

«El niño no es ciego por sus faltas, o sus pecados o los de sus padres», dice Jesús. Mejor aún, quiero proponer este pensamiento; «¿Por qué le preocupan los problemas, cuando debería concentrarse en aportar soluciones?». Jesucristo reiteró la sabiduría de Dios, afirmando que a veces el poder y la fuerza se pueden esconder en lugares «aparentemente» débiles y la «llamada» ceguera del niño debe sacar lo mejor, tanto del niño como de sus instructores.

Cuando una persona encuentra lo que tiene, no puede evitar amarse a sí misma y amar especialmente al Dios que la ha diseñado inteligentemente con un propósito, y desarrollar esta realidad se convierte en una búsqueda que vale la pena. Comienzan a soñar en grande y buscan formas de hacer realidad estos sueños.

Cuando la personalidad es descubierta y aceptada, revela caminos hacia el avance, a diferencia de las personas que todavía se enfocan en todo lo que ven en el exterior o aquellas que todavía tienen hambre de aventuras vanas y expectativas breves.

Reconocer algo significa prestar atención, expresar gratitud o mostrar aprecio. ¿Y hay una mejor manera de expresar amor por alguien o algo que pasar tiempo con ellos? Un hombre que descubre quién es puede apagar la televisión de forma segura, cortar relaciones tóxicas y conversaciones irracionales y dedicar más tiempo al desarrollo. Es como tener una relación que crece íntimamente cuanto más se reconocen ambas partes.

Las personalidades son tan valiosas como el oro y tan hermosas como los diamantes, por lo que cuanto más tiempo y esfuerzo inviertas en pulirlas, más crecerán en valor y belleza. Puedes comenzar a ver lo valioso y hermoso que eres al tener tanta pureza y poder en ti.

Luego viene el cambio

Tus dones y talentos ahora comienzan a elevarte, cambiando la forma en que piensas y te sientes sobre ti mismo, lo que determinará el tipo de compañía que tendrás y los lugares a los que estás dispuesto a ir. Tu idioma cambia y tu valor del tiempo y dónde gastas tu energía se vuelve más selectivo.

Creo que es hora de que despertemos y comencemos a vernos a nosotros mismos como instrumentos de cambio y no como buscadores de cambios. Debemos ser cambiados positivamente para poder realizar cambios positivos. Necesitamos tomarnos un descanso y profundizar en nuestro interior para ver qué es lo que realmente nos mueve. Si es el dinero, la influencia o la fama lo que nos mueve, entonces estamos vivos, pero no vivimos porque la vida no tiene precio. Para poder vivir, debemos descubrir nuestros dones de personalidad invaluables, talentos y todo lo que nos diferencia de los demás.

Esto se convierte en nuestra identidad

La identidad es importante. La pregunta «¿quién eres tú?» es una de las preguntas más difíciles y complejas de responder. La mayoría de las personas que dan una respuesta malinterpretan el contexto, sin embargo, es una pregunta asombrosamente simple. ¿Quién eres? ¿Es diferente de «¿De dónde eres?» o «¿Qué haces?». La gente tiende a dar respuestas como «Soy holandés», «Soy médico» o «Soy negro», lo cual es totalmente incorrecto.

Es posible que hayas nacido en Nigeria, lo que significa que también obtienes el beneficio de la tierra al ser identificado como nigeriano, pero eso no significa que seas nigeriano. Un médico es una profesión, no una identidad. Entonces, decir que eres médico es como ponerte en un grupo de personas y decir que todos son iguales, lo cual es una forma de pensar extremadamente pobre. El color de tu piel solo te confundirá más, lo que hará que comiences a seguir, confiar y honrar los ejemplos equivocados en la vida. También te separará de mucha ayuda de las personas y las relaciones positivas debido a la división de color que has dejado entrar en tu corazón.

¿Quién eres tú?

Esta pregunta significa «¿Cuál es tu nombre?» porque al final de tu vida, eso es lo que queda aquí en la Tierra, tu nombre. Ya sea que entiendas la pregunta o no, si caminaste sobre la Tierra, así es como la gente te recordará. También significa «¿Qué representas?» y «¿Qué estás construyendo?» y «¿Cuál será tu legado?».

La verdad del asunto es que quienquiera que seas siempre está en el futuro. Es en quien te convertirás. Quién eres se ve reforzado por tu conocimiento del potencial, el propósito y la personalidad. La razón por la que muchos pueden luchar con esta pregunta es porque luchan con el presente y son sorprendidos por las miserables deficiencias de la condición humana: por lo tanto, es el sacrificio lo que obliga a los humanos a trascender las condiciones limitantes actuales para acceder a mayores avances.

Demanda de sacrificio

Un nombre no es un fenómeno fácil de realizar, esto se debe simplemente a la responsabilidad y el dolor que exige el desarrollo. Hoy en día hay nombres de personas que han agraciado este mundo y que con razón han dejado un gran y positivo impacto en nuestras sociedades de forma indeleble. Por lo tanto, es apropiado mencionar que los nombres a los que respondieron estas personas no son simplemente una disposición fonética de las letras. ¡No! En cambio, desencadenan en todos nosotros un sentimiento distintivo de asombro, tal como los recordamos. Nos volvemos una reminiscencia de su coraje, persistencia y resistencia. En sus nombres recordamos cómo estas virtudes se demostraron a través de todo tipo de complejidades y dificultades. Cómo respondieron positivamente en situaciones extremas debido a lo que representaron.

Cómo José hizo su Nombre

Un caso que me viene a la mente es el de José. En mi opinión, José es un personaje que a lo largo del período de su vida encarnó y demostró vívidamente estos cuatro perfiles espirituales como se analiza en este libro.

El águila en José

Desde muy joven ya tenía una visión clara como la de un águila. La personalidad de águila puede ver el futuro con claridad desde una gran distancia y, en promedio, esta personalidad es la más meticulosa en los detalles y muy decidida a aclarar cada paso de un proyecto. Son perfeccionistas en el pensamiento, pueden tener el aura de superioridad basada en la fuerza de la naturaleza crítica que exuda la personalidad del águila, como lo discutiremos más adelante en el capítulo veintisiete.

Entonces, José sabía dónde estaría y en quién se convertirá en el futuro. Vio el futuro desde alturas que solo Dios puede aprovechar para fomentar el alma humana. Se convertirá en un líder mundial y muy influyente. Comparando su influencia sobre la del sol y la luna, fue tan vívida para su espíritu y su mente, y habló sobre el futuro en terminología casi actual. «Algún día, mi padre, mis hermanos y el mundo entero estarán bajo mi cuidado, protección y preservación, similar al mismo poder que exhiben el sol y la luna sobre la tierra».

Fue uno de los doce hijos de Jacob. En la estructura jerárquica y la dinámica de la familia, estaba al final de la escalera. No se le tratará a la ligera con esa retórica, especialmente en un sistema jerárquico patriarcal, cargado de conductas masculinas dominantes y predisposiciones para la competencia y el desagrado. Sufriría el destino de cualquiera que desafíe la orden reconocida. Como serían clasificados, rebeldes, con el deseo de introducir el caos y la ruptura de la estructura familiar establecida.

La suya se convirtió estadísticamente en la historia familiar de rechazo, incomprensión y traición de sus propios hermanos. Su odio hacia sus sueños los llevó a conspirar contra él deseando matarlo arrojándolo y abandonándolo en un pozo vacío (Génesis 37:8). Al final, decidieron no cometer un asesinato sino venderlo como esclavo. José le debe su gratitud a Judá, uno de sus hermanos que pensó en interceptar este espantoso plan asesino a la sugerencia de venderlo al tren de esclavos de los ismaelitas. Que es un mal menor, supongo. No obstante, es en esta etapa que Joseph activó la función del Hombre.

El Hombre en José

La personalidad del hombre es el individuo hiperentusiasta que no puede ser frustrado fácilmente por los desafíos y el pesimismo de la vida. Él o ella prospera en lo desconocido y se enfrentará a una variedad de desafíos que la vida tiene que enfrentar. Poseen un alto sentido de flexibilidad y una gran capacidad para adaptarse, todo en un intento no solo por sobrevivir sino por ir triunfando.

Aportar solución a problemas complejos es una segunda naturaleza para la personalidad del hombre, son reconocidos por poseer una gran paciencia para la lluvia de ideas y funcionan perfectamente en la dinámica de grupo porque ven en cualquier situación una oportunidad para la creatividad y las soluciones.

Entonces, en poco tiempo, José se gira para convertirse en relevante para su maestro por la gracia de Dios qué empodera la activación de las fortalezas en estas personalidades. Como esclavo, aterrizó en la casa de Potifar, oficial del faraón y capitán de la guardia. El entusiasmo, la adaptabilidad y la capacidad de José para generar soluciones relevantes para su maestro, además de la ventaja espiritual del favor de Dios, impulsaron a José a la cima del rango y al final se convirtió en el jefe de la casa y los negocios de Potifar.

Llegó a ser el mejor en la casa de su amo, para entonces las Escrituras revelaron cómo prosperó. Esto siempre me hace pensar; «¿Cómo puede un esclavo prosperar tanto que se convierta en titulares? (Génesis 39:2)». No se puede enfatizar demasiado el poder de conocerse a sí mismo. Incluso como esclavo fue amado por su amo (Génesis 39:4), que nuevamente es una cualidad de la personalidad del Hombre. La personalidad del hombre son personas adorables, inofensivas y un apoyo implacable.

En principio, otros pueden tergiversar esta admirable cualidad. Pueden malinterpretarse en sus intenciones de ser egoístas en muchos niveles y pueden atraer una atención no deseada que puede no ser conveniente para la personalidad del Hombre.

En el caso de que José sea ese espécimen de personalidad absolutamente maduro, evolucionó para usar la personalidad dominante del León a su favor en este punto.

El león en José

El punto en el que la esposa de Potifar interpretó errón-
eamente todas las señales de la servidumbre de José como
cumplimiento de lo que viniera, fue un error. Quería más
de José que sus tareas y responsabilidades diarias. Quería
tener una relación íntima con él, lo cual es simplemente
una mala idea, a juzgar por lo que le pasará por tocar a la
esposa de su amo. Más alto de esta objeción en su mente
estaba el plan de Dios y el propósito más alto de Dios
para su vida, que nada le impediría lograr.

Este es el lenguaje de la personalidad de León que aparece en el momento adecuado en el camino de la adver-
sidad de José. Es el lenguaje de la perseverancia, la resistencia, la implacabilidad y la valentía. Nunca abandona
el enfoque en la meta. José había recibido una visión
y un objetivo y la personalidad León se activaría para
potenciar su lucha cuerpo a cuerpo con cualquier fuerza
que pretendiera redirigir la manifestación de su potencial y propósito. Esta personalidad León hizo valer su
coraje para decirle no a la esposa de Potifar a pesar de
las consecuencias que seguirían. Acusado injustamente
de manipular a la dama, fue encarcelado por un período.

Será genial intervenir aquí, y especificar que durante
su sentencia de prisión vemos nuevamente en juego la
personalidad del Hombre aquí, porque no por mucho

tiempo fue descubierto por los guardias por ser el tipo más alegre, inofensivo y entusiasta. Tanto es así que se le entregaron las llaves de la prisión y se puso al cuidado de José (Génesis 39:22) el cargo de los otros prisioneros. ¿No es esto admirable? El hecho de que la tristeza y la ruina del ambiente de la prisión no pudieran apaciguar a José, quien resolvió permanecer entusiasmado con la visión que Dios le había dado.

Esta personalidad León se manifestará más adelante en su historia. Esto se refiere a cuando fue liberado de la prisión después de ser llamado al palacio del faraón. Se enfrentó a los sueños del faraón. La audacia del León de presentarse ante el Faraón con el descaro de dominar la atmósfera ya tensa de agresión e intimidación proveniente de los magos y encantadores del Faraón, quienes habían afirmado que también podían interpretar sueños, pero en este punto habían fallado en todos los intentos. José no se dejó intimidar por su presencia, pero con confianza y valor interpretó todos los sueños del faraón.

La siguiente personalidad fue la fuerza que impulsó el siguiente nivel de éxito de José, catapultándolo a la cima en los reinos del imperio egipcio. El coraje de José posicionó al mundo de una manera en la que podría sobrevivir a la inminente sequía mundial mediante la maximización de la próxima Personalidad que se revela en el Buey.

El buey en José

El Buey tiene una personalidad muy especial. Esta fue la personalidad prémium de José que trabajó todo el tiempo para estabilizarlo a través de todas sus adversidades. De modo que si el León fue fundamental para asegurarle un lugar a José mientras Dios ayudó a Egipto, entonces es el Buey el que sostendrá su reinado.

El buey es así de seguro, estable, satisfecho y con esa personalidad angelical. Poseen una disposición amable y agradecida, pero un atributo increíblemente especial del buey es que son extremadamente ingeniosos. José, que funciona con una personalidad de Buey, recibe la audaz tarea de liderar este proyecto nunca visto que se convertiría en el sello distintivo de la agricultura hasta el día de hoy. Pasará a la historia como el movimiento que asegura el futuro de un imperio y del mundo en general.

Esto solo puede requerir la paciencia y la productividad del Buey. La ética de trabajo del buey y el carácter estable no se pueden comparar con el resto de las cuatro personalidades. Porque parte de la característica del sueño del faraón era asegurar una abundancia de siete años y luego asegurarse de que la abundancia de cultivos se mantenga y se conserve para proporcionar alimentos y comercio para todo el imperio, durante los próximos siete años de austeridad. Entonces, los sistemas de agricultura de riego tuvieron que introducirse en el mundo para aumentar la productividad de los cultivos, y se inventaron los silos para preservar los cultivos de los elementos, y tuvieron que construirse todo en un tiempo récord. Una de las principales cualidades del Buey es su capacidad para trabajar. Y obraba José, hasta que todo Egipto celebró el don de Dios entre ellos.

Muchos preferirán no asumir esa responsabilidad y sufrirán bajo la tensión continua del error de identidad y la confusión. Se necesita una comprensión profunda del contexto del sacrificio para tener acceso a esta respuesta. El sacrificio ayuda al proceso. Puede responder a esta pregunta haciendo ciertas preguntas sobre el sacrificio.

El sacrificio se trata de mejorar el futuro. Siempre tienes que renunciar a algo para recibir otra cosa. La vida está diseñada de esa manera. Muchos sufren de rechazo, pero lo bueno es que la vida no funcionaría sin el rechazo. Entonces, a los nueve meses, el útero rechaza al bebé porque es el momento. Puede ser un proceso doloroso, pero la revelación es que, sin sacrificio, tanto el bebé como la madre estarían en peligro.

¿A quién veo en el futuro y a qué estoy
dispuesto a renunciar para conseguirlo?
¿Cuál es mi actitud hacia el autodescubrimiento?
¿Cuál es el tipo de personalidad que necesito adoptar?
¿Qué ajuste de comportamiento necesito?

Debes comprender que todas las personalidades que Dios creó están diseñadas para mejorar el futuro. Son fundamentales para el avance de la humanidad y, en última instancia, mejorar la existencia. Son fundamentales para la realización humana y el bien universal.

Las preguntas anteriores son interminables, pero la respuesta a cada una está determinada por el coraje de sacrificar todo el placer temporal para mejorar el futuro. Entonces, ¿qué tan dispuesto estás a rendirte, a alcanzar una mayor conciencia de tu personalidad creada por Dios?

El concepto de sacrificio te permite comprender las razones divinas para manifestar el potencial de un futuro mejor. Los sacrificios son como sentencias de prisión autoimpuestas para encarcelar a aquellos rebeldes que buscan la indulgencia en comportamientos imprudentes y retrógrados. Uno hace sacrificios para esclavizar voluntariamente a ese tentador de la debilidad humana y razones para no asumir la responsabilidad del tiempo, el potencial y las oportunidades de disciplina personal. Te esclaviza, por así decirlo, y te pone tras las rejas de la intencionalidad y el trabajo duro y sencillo.

Una vez más, Pablo, el Apóstol, nos presenta estas acusaciones mientras da un pisotón y traza una línea en la arena, mostrándonos cómo asumió la plena responsabilidad por el avance de la excelencia en su vida y ministerio. «sino que golpeo mi cuerpo, y lo pongo en servidumbre, no sea que, habiendo sido heraldo para otros, yo mismo venga a ser eliminado» (1 Corintios 9:27).

La mayoría de las personas aún no se están preparando para responder a la pregunta de identidad y aún tienen que responder a la llamada desde adentro sobre estas cuatro personalidades. Puede ser por las familias de las que provienen, problemas de baja autoestima, ignorancia o porque han perdido la esperanza en el camino de convertirse en todo lo que quieren ser.

La fuerza de la belleza que proviene del interior es que sabes lo bueno y precioso que eres y lo que tienes de Dios, y que Él te ha dejado claras estas identidades. Ya nadie puede engañarte porque se puede ver la diferencia en ti.

Espero sinceramente que actualices todo lo que te propongas hacer en la fuerza y el diseño de tu creador. Al leer este libro, te has ganado el éxito personal y te has convertido en un instrumento de cambio.

Pastor Alexander Emoghene
Pastor principal Claypot church international

PARTE 1

CAPÍTULO 1

Algo Fue Mal

Los efectos del pecado

La imperfección que entró en la humanidad a través de la primera familia diseñó la pérdida de nuestro completo conocimiento de nosotros mismos. Esta imperfección se llama pecado (Génesis 2:17).

Otra frase que ayuda a comprender completamente la palabra «pecado» es «errar el blanco». Toda la humanidad fue almacenada como posibles ganadores en la simiente de Adán. La humanidad está destinada a emerger como seres perfectos en plena demostración del poder y la gloria, como se revela en las cuatro personalidades.

Pero cuando el pecado entró a través de la decisión de la primera pareja, llevó a la humanidad a perder el blanco de este elevado llamamiento y caer por el camino de la autoignorancia y la ignorancia de Dios.

> *Puedes desarrollar un uso completo de las cuatro personalidades a tiempo para ayudarte, cuando y donde lo necesites.*

En primer lugar, la implicación de su decisión fue que fueron separados de su fuente de vida, lo que hizo imposible funcionar en la plenitud de estas grandes personalidades. En segundo lugar, esta elección se convirtió en todas las anomalías, el quebrantamiento y la soledad que experimentamos en nuestro mundo de hoy. En tercer lugar, creó un vacío y la búsqueda exhaustiva del lugar al que pertenecemos.

Por lo tanto, debemos luchar contra las incertidumbres, dudas, miedos, indecisiones y fallas de la vida para llegar a un lugar satisfactorio. Muchos han ascendido a grandes alturas a través del entrenamiento y el empoderamiento de la mente y han creado una gran riqueza y recursos. Sin embargo, todavía se sienten privados del conocimiento de quiénes son en Dios.

Recientemente, hemos oído hablar de personas muy ricas que terminaron trágicamente con todo al quitarse la vida. Se trata de personas que creen en el atractivo mensaje de tener, haciendo crecer las alegrías y los placeres de lo que todos consideramos exitoso.

La humanidad perdió la capacidad de funcionar con las cuatro personalidades al mismo tiempo. Por lo tanto, comenzamos a operar mucho más bajo que nuestro diseño, lo que provocó que un humano promedio trabajara con solo dos de estas personalidades: una primaria y una secundaria.

> *La buena noticia es que la redención nos da acceso al empoderamiento divino, armando nuestras almas.*

La buena noticia es que la redención nos da acceso al empoderamiento divino, armando nuestras almas con la revelación de estas cuatro personalidades para descubrir el poder encerrado dentro de nosotros. Por tanto, la recuperación y restauración de nuestra imagen divina puede convertirse en una realidad.

Puedes desarrollar un uso completo de las cuatro personalidades a tiempo para ayudarte, cuando y donde lo necesites. Es posible que no llegues a ser perfecto y robusto en la función que poseen las cuatro personalidades. Sin embargo, tienes la increíble oportunidad de liberar todo el potencial de tus personalidades principales y crecer para utilizar tu personaje deseado.

 # El efecto del pecado (es decir, no dar en el blanco)

Disposición y crianza de los dones de los padres

Condiciones ambientales

Condiciones sociales

Maldición generacional

CAPÍTULO 2

En el proceso

El Concepto De Quebrantamiento

> *«...Volverse apto para el futuro y listo para la batalla».*

Estoy seguro de que has escuchado la frase «quebrantamiento ante el Señor», o tal vez ya la hayas usado. La primera causa de este quebrantamiento es la separación de Dios. La segunda causa es la presión de la carrera de ratas de la vida: la lucha por lograrlo.

A veces siento curiosidad por la palabra que los traductores usan para «quebrantado» (como «shabar» en hebreo), que fue capturada en Salmos 51:17: «Los sacrificios de

Dios son el espíritu quebrantado;al corazón contrito y humillado no despreciarás tú, oh Dios».

Entonces, la palabra «quebrantado» en este texto ilustra un corazón que está destrozado o hecho añicos. Habla de alguien que tiene el corazón roto por una razón u otra. Podría ser por decepciones, un mal divorcio, la pérdida de un ser querido, la bancarrota, el dolor autoinfligido, y la lista continúa...

Bueno, la escritura invita a esas personas a Dios para un encuentro con Su sanidad. El adorador se asegura de que pase lo que pase, Dios no lo despreciará.

> *Dios viene al lugar del quebrantamiento para brindar ayuda en tiempos de necesidad.*

Me gusta cómo el diccionario define la palabra «despreciar» como *«sentir una fuerte aversión por alguien o algo porque piensas que esa persona o cosa es mala o no tiene valor»*.

Esto resume el primer concepto de quebrantamiento con respecto a conocer los rasgos de tu personalidad desde la perspectiva divina. Dios viene al lugar del quebrantamiento para brindar ayuda en tiempos de necesidad.

Hay algo en la humanidad que le gusta presentar nuestro mejor rostro. Nos encanta poner esa cara de póquer de fuerza, coraje y perseverancia. Estas actitudes pueden llevarte por un largo camino, pero eventualmente llegarás al lugar donde necesitarás a Dios para la sanidad y liberación. ¿Quizás estás ahí ahora?

En tiempos de verdadero quebrantamiento, Él quiere estar cerca de nosotros, si tan solo pudiéramos quitarnos las máscaras ante él. Dios realmente no está buscando a un hombre perfecto; es un Dios perfecto con el remedio para una humanidad quebrantada.

El segundo concepto de quebrantamiento se encuentra dentro de la complejidad de definir la palabra «quebrantamiento». En esta definición, el estudio de la personalidad divina realmente cobra vida.

Se refiere a la ocasión de estallar, lo que significa que las cosas buenas atrapadas dentro de ti irán a existir, dando a luz a algo nuevo.

Esto saca algo que no estaba allí de antemano para que una persona pueda alinearse y encontrar su propósito. Después de todos los obstáculos de la vida, esta persona ha sido entrenada por estas mismas circunstancias y salió mejor y victoriosa. Esto es quebrantamiento; se refiere a alguien que está capacitado para el éxito y que no necesariamente se cansa o se siente como una víctima, sino que intencionalmente se convirtió en un líder en cualquier industria.

> *Las cosas buenas atrapadas dentro de ti estallarán en existencia.*

Esta definición se deriva del arte de domar a un caballo para que esté preparado para el futuro y listo para la batalla. Esto fue en los viejos tiempos, por supuesto. Hoy en día, los militares disparan misiles guiados desde la comodidad de su hogar. En los primeros tiempos, los caballos y los carros eran armas de guerra.

Sin embargo, las técnicas para domar un caballo no han evolucionado mucho, aparte de volverse más refinadas debido a mejores leyes de derechos de los animales que previenen el abuso animal. Entonces, este *flashback* es puramente para enfatizar.

En tiempos pasados, se dice que los caballos, especialmente los caballos montados en batalla por los reyes, habrían sido sometidos a rigurosos simulacros como cabalgar lentamente a través de ríos rápidos o pararse sobre el fuego. Por todo esto, el caballo es resistente y valiente ante el miedo y el dolor. Cualquier caballo que supere estas pruebas se llamará caballo roto.

El quebrantamiento es la etapa en la que las personas se alinean para explorar la gloria, el poder y la majestad del servicio de Dios.

> *«Cualquier caballo que supere estas pruebas se llamará caballo roto».*

Este caballo podría ser llamado en batalla para servir a su amo. Está dispuesto a abrirse paso con confianza en un nuevo horizonte y, a medida que se esfuerza por mejorar, lo impulsa la humildad y la obediencia.

Entonces, sabiendo que tu personalidad divina es como dar a luz a tu verdadero yo que fluye con el propósito divino de Dios, superando y clasificando tus propios esfuerzos, debes convertirte en una persona quebrantada ante Dios. Este es el punto en el que te presentan a ti mismo. Entonces entra en la plenitud de todo lo que Dios te ha equipado para lograr. Entonces, en este concepto, el quebrantamiento es una entrega total al descubrimiento de lo que Dios creó.

En otras palabras, así como el caballo sirve a su jinete, te vuelves más consciente de ti mismo, de la forma en que

Dios te ha diseñado, del propósito que te ha dado y del camino hacia ese propósito. Te conviertes en tu mejor forma en el espíritu, y eres llamado un creyente quebrantado ante Dios.

Esto Es Para Todos

*Principales Características De Las
Cuatro Personalidades*

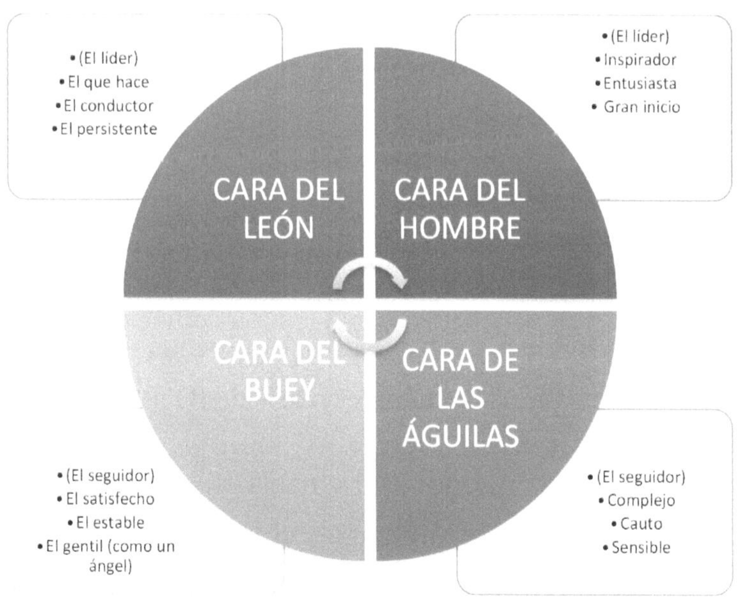

> Porque no me avergüenzo del evangelio, porque
> es poder de Dios para salvación a todo aquel que
> cree; al judío primeramente, y también al griego.
> —Romanos 1:16

Por lo general, la gente pregunta rápidamente: «¿Tengo solo una de estas personalidades o poseo más? ¿Puede un solo individuo tener las cuatro personalidades?»

Como mencionamos, la escritura revela que el hombre fue hecho a semejanza de Dios (Génesis 1:26).

Es de este plano que obtenemos la referencia para las cuatro caras del hombre. Echemos un vistazo más de cerca al misterio de la creación del hombre.

«También, de en medio de ella salió la semejanza de cuatro seres vivientes. Y esta era su apariencia; tenían semejanza de hombre» (Ezequiel 1:5).

Hay cuatro tipos de personalidades que explican las cualidades inherentes que el Dios de la creación prodiga en cada individuo, para que cada uno pueda sobresalir dondequiera que se encuentre en la vida (Génesis 1:26).

Este intrincado diseño confirma la diferencia única atribuida a la familia humana en contraste con el resto de la creación. Estos tipos de personalidad revelan la singularidad de la creatividad, la innovación, los inventos, las iniciativas, el desarrollo y la diversidad de crecimiento que se encuentran exclusivamente en la familia humana.

Este privilegio se otorga a todas las personas para que acepten el gran plan de Dios. Los establecimientos seculares han creado muchos seminarios, programas de capacitación y conferencias sobre perfiles de personalidad para crear posiciones y armonía en el lugar de trabajo. Han hecho creer a muchos que, a través de simples gráficos circulares, pueden demostrar si están en su lugar de poder o no. Pero según el diseño y las normas de Dios, probamos que estas personalidades están enterradas en todos para el beneficio de todos. Entonces, depende de tu habilidad para creer la verdad.

> *Este privilegio se otorga a todas las personas para que acepten el gran plan de Dios.*

Algunos de nosotros tendremos que romper cajas deliberadamente para entrar por completo en nuestro lugar de poder. Tendrás que hacer cambios radicales para aceptar tu nuevo yo. Y todo valdrá la pena. Hay más para ti de lo que parece. La pregunta es, ¿estás listo para hacer más?

El cambio intencionado suele ser muy agotador porque todo se volverá nuevo. Muchos quieren ser nuevos y oramos para ser nuevos, pero inconscientemente nos preparamos para continuar manifestando el pasado.

Quiero decir, nuestro entorno nos recuerda principalmente que debemos apoyarnos en el pasado; amigos pasados, celebraciones pasadas, imágenes pasadas en nuestros dispositivos móviles, imágenes pasadas en nuestras paredes en nuestros hogares. A estos los llamamos recuerdos o «caminar por el carril de los recuerdos». Contamos fracasos pasados, arrepentimientos pasados o incluso éxitos pasados.

Recuerda lo poderosa que es tu mente. Los recuerdos son semillas. El propósito de una semilla es brotar y manifestarse. Me gusta hacer esta poderosa declaración: «No se puede encontrar una semilla vieja que haya perdido la voluntad de brotar». Tan pronto como encuentre el entorno adecuado, brotará. Las semillas viejas necesitan el abono del pasado, mientras que las semillas nuevas necesitan el abono del pensamiento futuro.

Necesitas que tu mente crea que tu futuro es mejor de lo que ves ahora. Entonces, ¿de qué estás cargado? Este es un juego de influencia; la voz más fuerte en ti influirá en tus decisiones y, eventualmente, en tus resultados. Por lo tanto, será necesario un cambio mental consciente y concertado para creer algo nuevo y mejor sobre ti.

> *Las nuevas semillas necesitan el*
> *abono del pensamiento futuro.*

Profundicemos en el próximo CAPÍTULO para descubrir la naturaleza de esta batalla río arriba. Usé la palabra «río arriba» porque todos los cambios que necesitas en tu vida naturalmente se sienten como nadar río arriba. Se necesitarán pensamiento estratégico y coraje para mantenerse en el flujo hasta que ganes.

CAPÍTULO 4

«…¡Entonces nosotros podemos volar!»

Condiciones ambientales

Hay una historia que es popular entre los oradores motivadores; es posible que la hayas escuchado antes. Es la historia de un águila que fue criada por una bandada de patos. A lo largo de su joven vida, creyó que era un pato. Un día, en el estanque donde a menudo apagaban su sed, llegó un águila que aterrizó para tomar un trago breve. Esta joven águila nunca había visto algo así, y se sintió impresionado por la curiosidad.

¡Me parezco a él!, pensó.

Antes de que pudiera recuperarse, vio, como en un sueño, cómo esta águila se elevaba sin esfuerzo en el aire. No aleteaba frenética y torpemente como los patos. Era más fuerte y suave, y con unos pocos aleteos, subió a grandes alturas. Con sus alas majestuosas, se elevó hacia los cielos abiertos. No hace falta decir que la vida de la joven águila se transformó ese día. Fue criado por los padres equivocados, y ahora se había encontrado con su verdadera naturaleza.

> *Nuestra educación es a menudo el primer obstáculo para nuestro autodescubrimiento.*

Sería muy ingrato descartar la lucha por la que pasaron nuestros padres para criarnos. Para algunos afortunados, sus padres son superhéroes. Otros pueden no sentirse tan bendecidos porque fueron descuidados o criados por el tío Playstation y la tía Redes sociales.

No obstante, la mayoría de las veces, todavía nos encontramos inadecuadamente preparados para nuestras asignaciones; de ahí la predicación de las buenas nuevas del Evangelio. El Evangelio lleva al creyente a un lugar de restauración total, donde se revela la mente de Dios. Con esta conciencia, todos podemos encontrar nuestro verdadero diseño e identidad. ¡Entonces podremos volar!

Nuestra educación es a menudo el primer obstáculo para nuestro descubrimiento. Imagínate un águila siendo criada por, digamos, un águila rota.

Un águila rota puede ser equivalente a un padre de bajo rendimiento; un pájaro que no podía desarrollarse lo suficiente como para volar a grandes alturas. A la larga, transmitirá esta incapacidad a su descendencia.

Aunque las águilas poseen el potencial de volar alto, esta joven águila estará expuesta a una vida de mediocridad, carente de excelencia. Es probable que su padre solo lo lleve a volverse crítico en contra de volar, a poner excusas sobre por qué deberían mantener bajas altitudes, o declarar que simplemente no son como otras águilas («Somos increíblemente cuidadosos debido a las corrientes de aire hacia arriba y hacia abajo»).

Puedes relacionar esto con todos los demás perfiles de personalidad y cómo las próximas generaciones están preparadas para enfrentar los desafíos que tienen por delante.

> *(«Somos increíblemente cuidadosos debido a las corrientes de aire hacia arriba y hacia abajo»).*

CAPÍTULO 5

Salvaje...

Disposición y crianza de los dones de los padres

La palabra «ambiental», *environmental* en inglés, es una palabra compuesta porque contiene dos palabras. «Environ», que se relaciona con lo que te rodea, se une a «mental», que se relaciona con la mente. En pocas palabras, la cultura que creamos refleja lo que nos rodea. En esencia, los leones en la naturaleza tienen una actitud diferente en comparación con los leones en jaulas en los zoológicos. ¿Has encontrado el ambiente para tu personalidad? ¿Necesitas ser liberado en lo «salvaje» donde tu personalidad puede prosperar?

Un entorno realmente determina cómo se nutren y despliegan los regalos. En una de las primeras citas con mi esposa, le mostré una foto de mi madre.

«¡Te pareces a tu mamá!», exclamó ella.

Si tú supieras, pensé.

Nuestra familia es numerosa y en su mayoría está formada por varones, por lo que nos turnamos para jugar, pelear y hacer deporte, especialmente fútbol sala. Enloquecimos a mamá. Años más tarde, mientras cuento a mis nueve hermanos de una madre, puedo realmente testificar de cuán diferentes somos todos en disposición. Nuestra crianza fue de pobreza, carencia y privaciones.

Ser criado en tales condiciones hizo necesario desarrollar un espíritu de supervivencia malsano, que se manifestó en codicia y tacañería. Esta disposición era contraria a la intuición de mi personalidad principal, que era generosa. Este estudio me está ayudando a superar las limitaciones que me inculcó mi educación.

> *«...estar lo suficientemente roto como*
> *para seguir mis sueños...»*

Entonces, en mi entorno formativo, debido al entorno supresivo, la situación dominó mis instintos por así decirlo, que venían con mi personalidad principal, que es compartir y cuidar a los demás.

Ser domesticado simplemente significa controlar algo peligroso o poderoso. La vida puede tomar un giro malévolo debido a la crianza de uno que domestica tu personalidad principal para que no alcances tu máximo potencial. Tu personalidad contiene todo lo que necesitas para combatir y competir en esta vida, como se observa en este estudio, me refiero a la agencia piadosa en tu personalidad para convertirte en alguien exitoso.

Me tomó mucho tiempo descubrir los rasgos de mi personalidad. Estaba atrapado por muchas otras influencias y terminé descuidando quién era realmente. Debido a que estaba desanimado de descubrir las bendiciones y la fuerza enterradas en mi tipo de personalidad, no podía romperme lo suficiente como para seguir mis sueños, hasta que el Señor comenzó el proceso de restauración en mi corazón para corresponder al destino que tengo.

«…la bendición de la pobreza»

Condiciones sociales

Las investigaciones muestran que los niños criados en la pobreza están más motivados para lograr un cambio positivo en el mundo que sus contrapartes ricas. Esto es lo que yo llamo la bendición de la pobreza. Sí, es irónico, lo sé. Probablemente te estés preguntando cómo la pobreza puede traer bendiciones.

Mira a tu alrededor. Las estadísticas muestran que hay más personas que han salido adelante por sí mismas que personas que heredaron su riqueza. Las historias de estos individuos que se hicieron a sí mismos a menudo cuentan las luchas de la vida y cómo tuvieron que construir todo desde cero.

> *Romper las mentiras de la clase social y trascender todas las barreras para una vida mejor en Dios.*

La clase social causa muchos descarrilamientos de propósitos y pérdida de vidas preciosas llenas de talento. Muchos funcionarán de manera totalmente diferente si solo pudieran encontrarse en diferentes condiciones sociales. Sin embargo, es en estas condiciones de la experiencia humana que encuentras grandes historias cambiantes de la pobreza a la riqueza que se desarrollan de la manera más asombrosa.

El pecado espiritual separó a la humanidad de nuestro entorno social original, que es la comunión con la divinidad. En esta conexión social, las palabras elegidas por Dios se utilizaron para edificar el espíritu humano. Palabras como bendiciones, reponer, múltiple, aumento y grandeza. Dios dijo: «Hagamos al hombre a nuestra imagen y semejanza». La palabra de Dios formó la estructura fundamental por la cual los seres humanos, encuentran su resiliencia natural para luchar contra condiciones contrarias.

> *La palabra de Dios formó la estructura fundamental por la que los seres humanos encuentran su resiliencia natural para luchar contra condiciones contrarias.*

0Esta es nuestra condición social original, conexión y red en Dios. Y así, la redención trae este cambio y lleva a la humanidad a su construcción social original. Le da poder al creyente para cambiar las plataformas espirituales, emocionales y sociales. Romper todo lo que impide que estas personalidades divinas se manifiesten. A medida que nos demos cuenta del poder de ese potencial, romperán las mentiras de la clase social y trascenderán todas las barreras para una vida mejor en Dios.

✤

CAPÍTULO 7

«…¡No lo quiero!»

Maldición generacional

Cuando era joven, había un hombre con problemas mentales que pasaba todas las noches merodeando por el mercado, perseguido por un minorista y el otro. Por lo general, mendigaba comida o dinero, y recuerdo cómo corríamos detrás de él y lo molestaba, lo que lo ponía frenético después de un tiempo. No estoy orgulloso de ese comportamiento, incluso cuando era niño.

¿Por qué cuento esta historia? Aprendí muy rápido que fuera lo que fuera lo que pasaba con este hombre, no lo quería. A menudo me pregunto qué le había pasado en sus primeros días. Incluso cuando era niño, comencé a sentir que teníamos que dejar de burlarnos de él, de lo contrario, lo que estaba sobre él pasaría a nosotros. ¡Espantoso, lo sé!

Esto es lo que realmente es la maldición o la bendición, en términos prácticos. La bendición se define mejor como tener el poder de prosperar con Dios. En mi historia, sentí que si lo que estaba en el hombre con deficiencias mentales pasaba a nosotros, seríamos motivados o empoderados para fallar. Así es como opera la maldición; da poder al individuo para fallar o caer fuera de Dios.

El pecado trajo una maldición al sistema humano. Después de que Adán y Eva se extraviaron, la puerta de su desobediencia se abrió y permitió todo lo que pasó sobre la familia humana.

Estas maldiciones gobernaron sobre la humanidad, asegurándose de que no pudiéramos funcionar en la plenitud de la gloria de Dios. Las escrituras hablan de cómo el hombre ha pecado y no ha alcanzado la gloria de Dios. En otro lugar, las escrituras llaman al hombre mismo la gloria de Dios. Además, implica que la humanidad, habiendo sido creada a la imagen de Dios, cayó de ese estándar, y ahora sin la imagen de Dios en el hombre, solo podríamos funcionar por debajo del diseño de Dios.

El descubrimiento de tu tipo de personalidad es un impedimento contra la maldición. Cuando descubras tu don de personalidad, romperás las maldiciones existentes y las nuevas maldiciones no podrán encontrar un lugar en tu vida.

> El descubrimiento de tu tipo de personalidad es un impedimento contra la maldición.

CAPÍTULO 8

Escala de posibilidades

Tus sueños están pidiendo manifestación

Tener posibilidades es la belleza de vivir. Todos los seres humanos pueden operar libremente en todos los dones y pueden disfrutar de la belleza liberada a través de la crianza y el desarrollo de estos.

Por ejemplo, tu personalidad principal podría ser el buey. Puedes sentir que es un alma gentil y muy satisfecha en tu entorno actual. Sin embargo, por alguna razón, sientes que hay más en tu vida y realmente no tienes la capacidad para traspasar los límites. El sueño que hay en ti está llamando a la manifestación, y debes darte cuenta de que, al empujar los límites, tu nivel de excelencia y logro cambiará.

> *«...Pero otra cosa es tener la tenacidad, el coraje*
> *y los valores necesarios para llegar allí».*

En este atolladero, necesitas la personalidad de león. Esta es una personalidad persistente y orientada a objetivos que supera los obstáculos para hacer el trabajo.

Pero para un alma gentil, estable y amorosa, esto puede parecer un comportamiento grosero e innecesario que una personalidad de buey nunca adoptaría.

Sin embargo, comprende que lo que proporciona la personalidad león no es mandar a la gente o salirte con la tuya. Más adelante en el libro, trataremos con la más débil de todas las personalidades, donde ser mandón y grosero es una de las debilidades de una personalidad león rota.

Por ahora, estamos hablando de un deseo saludable de crecimiento y de cómo establecer metas realistas y ejecutarlas. Una personalidad primaria de buey resistirá el cambio agresivo, creyendo que el avance debería ser una forma natural de vida. Mientras tanto, el león que hay en ti te mantendrá avanzando hasta que el trabajo esté terminado. Por lo tanto, puedes darte cuenta de las increíbles oportunidades que la personalidad león podría crear para ti a medida que te involucras en tus objetivos de mejora de la vida.

CAPÍTULO 9

La Pregunta De La Visión

Viviendo por diseño

Aunque no es el propósito de este libro, no puedes considerar este tema sin tocar el corazón de la visión.

Como habrás notado, las cuatro personalidades tienen una cosa en común, que es el ojo. Las cuatro personalidades están impulsadas por la visión. Pueden variar en poder, pero todos tienen puntos de vista únicos. La personalidad es un impulso para cumplir con una asignación de nuestras diversas vidas. Sin el descubrimiento de estos dones, muchas visiones no se realizarán.

La visión necesita el combustible llamado motivación, y encontrar la motivación adecuada es crucial. Se necesita un conocimiento claro de tu personalidad. Piensa en ello como comer las comidas adecuadas para mantenerte saludable y con energía; un buey es herbívoro, un león es carnívoro y el hombre es omnívoro.

> *Cada personalidad creada por Dios está diseñada para llegar a un lugar de realización y éxito.*

La pregunta es, ¿cuál de estas criaturas eres? ¿Y de qué te estás alimentando? ¿Y tienes el nutriente adecuado para encender la máquina de los sueños que hay en ti?

La visión es tener una imagen de tu futuro ideal, pero se necesita la motivación, el carácter y el quebrantamiento correctos para que cualquier visión avance de los sueños a la realidad. Una cosa es ver dónde necesitas estar, pero otra cosa es tener la tenacidad, el coraje, los valores y la fuerza de carácter necesarios para llegar allí. Y una vez que llega, se necesitan diferentes conjuntos de habilidades para permanecer allí.

La conciencia de nuestro diseño divino ayuda a iluminar el camino, como un faro de esperanza, para llevar todos nuestros sueños y asignaciones internas a manifestarse como individuos o equipos.

Algunas personas pueden ser buenas para ver el futuro, pero por una razón u otra, no logran manifestar su visión. Otras personas pueden necesitar esa mano extra para llegar al éxito. Sea lo que sea, tu diseño divino jugará un papel fundamental.

> *Una cosa es ver dónde debes estar, pero otra cosa es tener la tenacidad, el coraje, los valores y la fuerza de carácter necesarios para llegar allí.*

PARTE 2

RAZONES PARA RECONOCER TU REGALO DE PERSONALIDAD

Encontrar el compañero de vida adecuado

Encontrar el transportista adecuado

Elegir el negocio adecuado

Desarrollar la habilidad empresarial

Criar hijos

Desarrollo de liderazgo

Trabajo en equipo

Relación romántica... más

CAPÍTULO 10

Encontrar el compañero de vida adecuado

Encontrar la pareja adecuada siempre ha sido un desafío para los solteros. «¿Cómo sé que es la persona indicada? ¿Es esta la voluntad de Dios para mí? ¿Estoy listo para comprometerme? ¿Por qué tengo miedo cada vez que se me acercan? ¡Quiero hacer esto de una vez por todas! No quiero decepcionarme. Me lastimé en mi relación anterior, así que ahora tengo mucho cuidado. No creo que nadie me quiera jamás. No soy lo suficientemente atractivo. Siento que estoy preparado, pero nadie está aquí para mí. ¿Dónde está la persona adecuada?».

Podemos seguir y seguir con estos hermosos momentos de anticipación frustrante. Muchos hacen estas preguntas en monólogo, pero en cambio deberían entablar un diálogo con el Dios en nosotros.

Lo que en realidad deberías hacerte son las «preguntas sobre las bendiciones». Si no puedes bendecir a la persona con la que estás, es posible que no encuentres satisfacción en esa relación. De lo contrario, puedes engañarte a ti mismo para encontrar a alguien que satisfaga solo tus necesidades, dejando a la otra persona vacía después de haberte dado todo lo que tiene.

Entonces, estas son algunas «preguntas sobre bendiciones» a considerar: ¿Cómo puedo ser una bendición para quien vendrá a mi vida?

¿Cuál es la mejor forma de asegurarme de que revivan cuando me encuentren?

¿Cómo puedo convertirme en el mejor para ayudarlos a cumplir su propósito?

¿Qué personalidad nos sirve mejor en nuestro camino hacia nuestro glorioso futuro?

Descubrir los tipos de personalidad divina le ayuda a uno a responder estas preguntas que cambian la vida. Es parte de la naturaleza humana ser egoísta hasta que encuentren una causa por la que realmente puedan hacer una diferencia. La personalidad del hombre, por ejemplo, está diseñada para motivar, inspirar e innovar. Solo hay que encontrar un socio con una visión clara de su futuro, como un emprendedor. Alguien con un sueño y la personalidad de Hombre estará en el paraíso del matrimonio. Si tienes una imagen poco clara de tu personalidad principal, puedes tomar una decisión que interrumpa lo que realmente eres.

> *Descubrir tus tipos de personalidad divina ayuda a responder estas preguntas que cambian la vida.*

$$\infty$$

CAPÍTULO 11

Encuentra el portador adecuado

Derivamos la palabra «portador» de la intención de llevar algo valioso que sirva a las necesidades de los demás. Lo que llevas en tu tipo de personalidad es un poderoso regalo dado por Dios para satisfacer ciertas necesidades de la humanidad. Podemos juzgar esto por el hecho de que tu sueño no suele ser egoísta porque cuando los sueños se cumplen, siempre hay beneficiarios que disfrutarán de los frutos de tu trabajo.

¿Cuál es el portador adecuado para ti? En otras palabras, ¿para qué naciste? ¿Qué puedes lograr en la vida? ¿Qué te hará más feliz? Muy a menudo, muchos intentan vivir una vida buscando y estudiando un portador. No para desalentar la búsqueda del autodesarrollo, pero nuestro sistema educativo debería volverse más estratégico para ajustar tu objetivo de alimentar a los estudiantes con los tipos de personalidad Buey, León, Águila u Hombre. Debemos inspeccionar nuestros dones principales de personalidad en busca de pistas y confianza.

> *...Derivamos la palabra «portador» de la intención de llevar algo valioso que sirva a las necesidades de los demás.*

En India, deduje de varios presentadores de *TED Talks* que se han planteado muchas preguntas sobre su sistema educativo, un marco anticuado de su pasado colonial británico. La narrativa es que el sistema se construyó simplemente para educar a las personas para que sirvan a la creciente revolución industrial en Occidente. No se les permitió explorar talentos personales, ni se les animó a aplicar otras formas de creatividad, excepto en el marco de trabajar en una fábrica o realizar trabajos de secretaría.

> *Tus ingresos en la vida es una imagen de cuánto descubres y comprendes tus resultados.*

Un Buey, por ejemplo, habría encontrado la paz si hubiera sido educado desde temprano en la vida sobre cuál sería el portador adecuado para ellos. Por lo tanto, se le debería haber permitido darse cuenta de que lo haría mejor en un entorno de trabajo pacífico, uno menos competitivo y más hospitalario y solidario.

Si tan solo hubiera sido instruido de esta manera antes, habría florecido en un entorno estable y predecible en lugar de unirse a la competencia feroz de la personalidad del León o del Hombre y tratar de ser enérgico y competitivo.

Si la personalidad del Buey no se envía en la dirección correcta, quienes tienen esta personalidad terminan rompiéndose desde adentro y necesitando restauración. En los *TED Talks*, se concluye que la presión para competir en este estrecho camino ha llevado a alarmantes tasas de suicidio entre los jóvenes estudiantes.

Entonces, ¿qué llevas? Una vez que puedas identificar lo que llevas, tendrás una indicación de cuál será tu portador potencial. Esta será tu motivación para vivir de adentro hacia afuera.

A esto lo llamo vivir en retrospectiva. En otras palabras, deberíamos ver tus ingresos en la vida, ya sean económicos o sociales, como una imagen de cuánto descubres y maximizas tus resultados.

En última instancia, somos recompensados en la vida por el valor que aportamos. Al aprender a ser auténticos, nos volvemos más valiosos para la sociedad y el mundo que nos rodea. No seremos destruidos por lo que llevamos; más bien, lo que llevamos será un canal de bendición. El maestro más grande que jamás haya vivido en la Tierra, Jesucristo, lo expresó de esta manera: «De tu interior correrán ríos de agua viva». La pregunta es, ¿ya has recuperado tu río?

✜

CAPÍTULO 12

Elegir el negocio adecuado

Esto puede ser como encontrar el portador adecuado, pero se trata de una cuestión de espíritu empresarial. Existe el entendimiento de que algunos son más dotados que otros. Si bien hay cierta verdad en esta declaración, la escritura revela que todas las personalidades poseen poder de visión.

La visión, en muchos aspectos, creará empresas, y cuando la empresa se pone a prueba, se convierte en una oportunidad para el espíritu empresarial. Así que, podemos tomar a una ama de casa, por ejemplo, con habilidades de hacer *cupcakes*. Solo tiene que volverse cada vez más emprendedora vendiendo unos cuantos aquí y allá a partir de sus familiares y amigos. Antes de que te des cuenta, se corre la voz y ella puede desarrollar un negocio de *cupcakes*.

Una indicación de que un tipo de personalidad divina bien desarrollada no tiene el potencial de convertirse en un líder global en su esfera de influencia puede ser engañoso.

Tomemos la personalidad del Águila. En nuestro cuadrante, vemos al Águila representada como perteneciente al tipo de personalidad del Seguidor. Pero observemos un águila calva en la naturaleza, que está hecha para remontarse majestuosamente hasta alturas de 10,000 a 15,000 pies. Puede alcanzar entre 60 y 80 millas por hora mientras se sumerge para atrapar a su presa. La visión de un ser humano normal es 20/20, pero la de un águila es 20/4, lo que significa que puede ver hasta cinco veces más que cualquier humano.

(www.improveeyesighthq.com/eagle-eyesight.html) (www.reference.com/pets-animals/high-can-eagle-fly)

¿Te imaginas a una joven con personalidad Águila recién comenzando, con mucha esperanza y aspiraciones? Armado con sueños para conquistar el mundo y triunfar. Este sueño no es descabellado porque la personalidad de Águila tiene el potencial de alcanzar grandes alturas. Las personas con el don principal del Águila tienen un mayor sentido de precisión y excelencia. Los ejemplos incluyen arquitectos, pilotos, especialistas en informática e ingenieros.

Por lo tanto, cualquier empresa en la que se involucre el Águila debe estimular e inspirar sus habilidades naturales, o de lo contrario pueden convertirse en un Águila vieja, crítica y gruñona que no vuela.

Si necesitas establecerte como emprendedor, haz preguntas sobre la naturaleza de tu campo deseado. Pregunta qué tipo de personas atrae ese campo y mira si puedes encontrar tu flujo entre ellas. Si aún deseas ingresar a este campo, al menos has realizado tu debida diligencia y eres más consciente de qué socio necesitarás. Este individuo tendrá un tipo primario o secundario que equilibrará correctamente sus deficiencias.

CAPÍTULO 13

Desarrollar la habilidad empresarial

Creo que cualquiera puede ser entrenado para manifestar sus sueños. La palabra clave es «entrenamiento». Como se mencionó anteriormente, llegar a volar es más ambiental que biológico. Cada personalidad creada por Dios está diseñada para llegar a un lugar de realización y éxito.

Si no es tu destino, entonces no estará enterrado profundamente en ti y no tendrás la urgencia de convertirte en un agente de cambio. En muchos casos, el problema es la falta de voluntad para afrontar cómo estamos diseñados por dentro y la falta de aceptación de la nutrición adecuada necesaria para desarrollar esos rasgos de personalidad específicos. Cuando puedas confrontar y responder estos dos conceptos fundamentales, encontrarás que consumir la información necesaria para sobresalir se volverá más aceptable.

Desafortunadamente, a menudo miramos por encima de la pared de nuestros vecinos para disfrutar de una vista panorámica de cuán desarrollados están en personas, procesos y poder. Nos enamoramos de la idea de «si tan solo pudiera desarrollarme así...». Es aconsejable considerar que esos vecinos pueden estar disfrutando de los beneficios de descubrir su personalidad principal.

> *Cuando operamos en nuestro tipo de personalidad principal, el proceso es sostenible hasta que los resultados comienzan a mostrarse.*

Por ejemplo, como León, ahora pueden alimentarse y empoderarse al estilo León. Entienden el propósito del éxito desde la perspectiva del León y están dispuestos a ser entrenados como León, un enfoque muy práctico que puede ser pesado y duro, pero con mucho amor. Un Buey que se inspira en el proceso de desarrollo de un León puede que no quiera estudiar los beneficios del crecimiento del León, sino que necesita encontrar la forma de desarrollo del Buey.

Posteriormente, el desarrollo de habilidades se trata de convertir en armas los propósitos individuales para un rendimiento superior. El concepto de mejora de las habilidades es la fuerza impulsora del crecimiento sostenible y el coraje para participar en cualquier empresa. La mejora de las habilidades puede ser costosa y puede requerir aceptar un cambio hacia nuevos paradigmas. Cuando operamos en nuestro tipo de personalidad principal, el proceso es sostenible hasta que los resultados comienzan a verse. Cuando tengas claro los dones de tu personalidad y qué alimentos básicos y herramientas se necesitan para el crecimiento sostenible, cualquiera de estas personalidades podría convertirse en una fuerza de liderazgo de alto impacto.

CAPÍTULO 14

Criando niños

Hay un dicho común: «La crianza de los hijos no viene con un manual». La crianza de los hijos, como muchos otros procesos, ha evolucionado continuamente a lo largo de los siglos. Desde las unidades familiares más tradicionales de padre, madre e hijos, hemos experimentado construcciones progresivamente más coloridas hasta la unidad familiar.

El enfoque aquí no es tanto sobre la unidad familiar (de la cual soy un tradicionalista cuando se trata de los establecimientos familiares), sino más sobre qué esfuerzos está dispuesta a hacer la sociedad a la próxima generación y cómo esta generación será alentada a perpetuar y construir familias saludables. Este es el quid de la cuestión.

La investigación muestra el impacto que la familia puede tener en la educación de un individuo. Dejar atrás a una generación altamente desarrollada para conducir a cambios futuros y añadir valor a la vida debería ser el impulso de cualquier comunidad.

A veces imagino un sistema educativo que está hecho a medida para abordar el tema de la educación de precisión y para enseñar la base de las personalidades primarias, en contraposición al sistema único para todos en muchas escuelas de todo el mundo. Aunque un desafío como este puede requerir grandes costos de ejecución, como un gran estrés financiero, la estructura de nuevas instalaciones y maestros, un experimento de esta naturaleza puede marcar la diferencia en la vida de la próxima generación.

Tomemos como ejemplo a las águilas calvas, que permanecen en el nido de ocho a doce semanas antes de que estén listas para emplumar. Su crianza es muy diferente a la del león. Las águilas son tan feroces de cazadores como los leones, pero el proceso de crecimiento del león es mucho más lento. Después de seis semanas, la madre leona saca a su cachorro de la guarida, donde había dependido totalmente de la rica leche de la madre para alimentarse. Además, el cachorro permanece bajo la protección de la madre durante un año antes de aventurarse por su cuenta como adulto. Entonces, estarás de acuerdo en que el crecimiento del león hasta la edad adulta es muy diferente al del águila.

Mientras tanto, a través de una mirada en profundidad a la cría, descubrimos que se desteta en tan solo de seis a ocho semanas. Lo que es impresionante es que comienzan a comer hierba durante la primera semana. Esto es sorprendente, porque en la mayoría de las descripciones de la personalidad del Buey, no se muestran de esta manera. A menudo, no somos conscientes de lo rápido que puede ser el desarrollo en un individuo joven con personalidad de Buey. Pueden avanzar en actitud y carácter mucho más rápido que los otros tipos de personalidad. Una razón es que la personalidad del Buey se nutre del orden y la estructura; están ansiosos por seguir instrucciones y realizar tareas. La mayoría de las personalidades jóvenes de Buey se vuelven autosuficientes antes que cualquier otra personalidad.

Por lo tanto, la personalidad del Buey a menudo se da por sentada como satisfecha, estable y gentil. Sus padres pueden decir: «Simplemente no veo un impulso en mi hijo».

Sin embargo, el padre con una sólida comprensión de su personalidad estará encantado de tener un hijo que se destete rápido y que esté dispuesto a recibir instrucciones y que se fortalezca. El Buey es su mejor hijo, una joya y muy admirable porque son amables y obedientes, aunque pueden parecer un poco tímidos y sin pretensiones al principio. Siempre dicen que sí, les encanta recibir instrucciones y no son conflictivos. Pero un niño como este puede parecer aburrido, lento y ser fácil de convencer.

Sin embargo, bajo la guía adecuada de los padres, la personalidad del Buey es en su mayoría de desarrollo temprano. Desarrollan músculos rápidos de por vida y son muy resistentes al cambio. Florecen en la rutina y la estructura diaria de la vida. Puede que no sean bulliciosos, extrovertidos o les guste la vida de la fiesta, como las personalidades del León o el Hombre, pero en el entorno adecuado, la personalidad del Buey seguramente se destacará entre la multitud.

Por lo tanto, al comprender los tipos de personalidad, apreciaremos a cada niño y nos enfocaremos adecuadamente en mejores métodos de crianza y estilos de educación.

ACUERDO DE ENTORNO DE APRENDIZAJE

Izquierda	Derecha
Rostro de hombre (el líder) Funcional Cambios rápidos Formativo Futurista	Rostro de buey (el seguidor) Instructivo Inspirador Íntimo Imitativo
Cara de león (el líder) Desafiante Correctivo Confrontativo	Cara de águila (el seguidor) Atento Adaptado Atractivo

✛

CAPÍTULO 15

Trabajar en condiciones estresantes

Las investigaciones muestran que el estrés es la causa número uno de varias enfermedades e incluso a veces es mortal. Muchos han atribuido la fuente de estrés al lugar de trabajo. Muchas encuestas de Gallup muestran cómo las empresas llevan a cabo actualizaciones periódicas sobre sus respectivos EAP (Programa de asistencia al empleado) para tratar de proteger la salud mental de sus trabajadores y prevenir otros desafíos relacionados con el estrés.

> *El estrés es un indicador perfecto de posicionamiento.*

Las encuestas de Gallup apuntan a un desafío único tras el aumento del trabajo a distancia. Los datos muestran que hay muchas ventajas en este nuevo método, como que el tiempo de viaje se reduce drásticamente, los entornos de trabajo son más personalizables y, por supuesto, los padres pueden pasar más tiempo con sus familias. Sin embargo, más personas se están desconectando de la cultura de su lugar de trabajo. Se sienten despreciados e infravalorados porque el esfuerzo que ponen en su trabajo pasa desapercibido. Esto está introduciendo nuevos tipos de estrés al lugar de trabajo.

Este es un momento perfecto para comenzar a conocerte a ti mismo y hacer la pregunta correcta y alinear tu visión con respecto a tu asignación de vida. El estrés es una indicación perfecta de posicionamiento. Es como un león del zoológico contra un león en libertad. Son iguales en disposición, pero uno está posicionado en el entorno adecuado, donde su potencial tiene espacio para desarrollarse por completo.

¿Te imaginas lo que te pasaría si te encontraras y trabajas desde tu hábitat profesional natural y que el estrés de la vida cotidiana no te impidiese vivir con un propósito? Vivir y trabajar en tu hábitat adecuado convertirá tus actividades mundanas en los proyectos más aventureros de la historia. Dado que el lugar de trabajo es donde pasas la mejor parte de tu vida, ¿no preferirías hacerlo a través de tu personalidad divina en lugar de desviarte para adaptarte a otro conjunto de culturas?

IZQUIERDA	DERECHA
<u>Cara del hombre (El líder)</u> HOMBRE Mucho espacio para la flexibilidad y la creatividad, la innovación y el entorno disruptivo.	<u>Cara del buey (el seguidor)</u> Entorno de alta productividad con programación. Metas alcanzables a largo plazo. Entorno intensivo en mano de obra.
<u>Cara de león (El líder)</u> Entorno orientado a objetivos planificados y alcanzables. Entorno a corto plazo y con poca mano de obra.	<u>Cara del águila (El seguidor)</u> Proyectos gerenciales y de conducción focalizada. Altos niveles de estrés con un entorno definido orientado a objetivos.

CAPÍTULO 16

Encontrar dónde vivir

Viví en Londres durante la mayor parte de mi adolescencia y mis veinte. Me desarrollé en el Reino Unido. Me gusta el ajetreo y el bullicio; las personas de diferentes orígenes convergen en este crisol de una ciudad. Realmente me gustan las innovaciones y la creatividad que la vida de la ciudad obliga a las personas. Por supuesto, no todo es ostentación y glamur, pero las ciudades tienen una forma de crear comercio y empresa que bendice a la comunidad que las rodea.

Dirigida a fundar una iglesia en Rotterdam a principios de 2000, mi esposa y yo íbamos a vivir en los Países Bajos para las misiones. Este fue un verdadero desafío cuando llegamos, ya que era una ciudad más pequeña que Londres. Fue poco inspirador, por lo tanto, no ayudó a entender nuestro llamado al ministerio, y todo fue mundano. Nos sentíamos tan desapegados, pero la fe en Dios y la comprensión de nuestra personalidad divina jugaron un papel importante en nuestra capacidad de recuperación, y ahora nos sentimos más establecidos tanto como familia como como ministerio.

No debe subestimarse el papel que desempeña su personalidad divina en su trabajo. Determinará si lo logras o no. Trabajar realmente significa crecimiento. Entonces, la pregunta es si estás creciendo en tu ubicación o lugar de trabajo.

Muchos prefieren silenciar la voz interior del destino por el grito amenazador de la seguridad de una región en lugar de hacer la pregunta de la ubicación.

Hay un lugar para ti, y una de las mejores formas de determinarlo es a través de los dones de tu personalidad. Las águilas están diseñadas para grandes alturas; ahí es donde cobran vida. Necesitan la corriente ascendente y la corriente descendente para mostrar a fondo su habilidad y belleza en vuelo. Es desde allí que el águila puede ir a trabajar, avistar presas, criar polluelos y defender y construir su futuro. Por otro lado, se sabe que un buey pisa el maíz y vive cómodamente en un entorno más pequeño, pero vive vidas altamente productivas donde hay orden y tranquilidad. Entonces, debo preguntar, ¿has respondido a la pregunta de ubicación? ¿Has encontrado donde cobras vida?

León: establecimiento de objetivos y espacio orientado a objetivos.	Águila: espacio gerencial y estructurado que opera desde un fuerte sentido de la visión.
Buey: espacio ordenado y pacífico con un claro proceso productivo.	Hombre: espacio inventivo y creativo con un sistema de recuperación de ritmo rápido.

CAPÍTULO 17

Maldición o bendición

> *«Existen bendiciones y maldiciones, y son el resultado de una humanidad disfuncional».*

Me gustaría llamar tu atención sobre el propósito mencionado anteriormente en el libro, que es traer curación y restauración al individuo.

Las bendiciones y las maldiciones existen y son el resultado de una humanidad disfuncional, que tiene su raíz en una palabra: pecado. El único registro que tenemos donde estas palabras entraron al oído humano es desde el principio de la Biblia. Bajo esta luz, todos estamos quebrados y vivimos en un mundo quebrantado.

Somos una generación de individuos, la mayoría de los cuales tienen la misma edad aproximada, con ideas, problemas y actitudes similares. El ser humano sufre los mismos problemas generacionales de pecado y maldición, que se transmiten de Adán.

Pero cuando Dios entra en la vida humana a través de su fe en Jesucristo, quien es el principiante de una nueva generación llamada generación bendita (o perdonada), obra para restaurar al individuo a su estado correcto en espíritu, alma y cuerpo. Esta corrección tiene lugar primero desde adentro y es la ruptura de la maldición y la introducción a la vida bendita.

El resultado de este trabajo interno a menudo resulta en el descubrimiento de su tipo de personalidad. Cuando un individuo accede a esta realidad con la ayuda de Dios, es como si no hubieran existido antes.

CAPÍTULO 18

Recibir sanación interior

> *...Un individuo con la personalidad principal*
> *de Buey ha estado tratando de vivir como*
> *si tuviera una personalidad de León.*

La mayor parte de la experiencia religiosa promete paz interior y curación para su adorador, y la fe cristiana no es diferente. Debido a que vivimos en un mundo quebrantado lleno de personas quebrantadas y privadas de sus derechos, este objetivo puede terminar siendo tan costoso como la condición previa del adorador.

En mis años como consejero, me he dado cuenta del poder del autodescubrimiento a la luz del Evangelio.

Muchos pueden abordar este tema desde un lugar de reconciliación, haciendo las paces con el delincuente. Esto puede llegar a un punto muy profundo para traer paz, pero es el descubrimiento interno de una personalidad y vivir fuera de ese río lo que cierra el trato. La curación interior se erige como una característica central cuando tratamos el tema de los tipos de personalidad.

> *Sus dones de paciencia y poder de servicio consumen toda necesidad de pacificación y afirmación.*

Después de cada reconciliación, ambas partes todavía tendrán que vivir el resto de sus vidas a la nueva luz de su dolor pasado, decepción y posiblemente el sentimiento de regresión que se mutila a sí mismo. El enfoque de estudiar y aceptar una personalidad brinda una conciencia más poderosa de la realidad divina, una realidad que libera la fuerza del descubrimiento y la exploración.

Este tipo de sentimiento no tiene precio para quien encuentra este poder. Esa es la esperanza del adorador cristiano. No solo quieres religión, sino también la experiencia de un encuentro personal con tu creación. A medida que descubras tu personalidad, encontrarás la esencia de la vida y el propósito, tus metas para el éxito en la vida serán alcanzables.

Esta es la imagen: un individuo con la personalidad principal de Buey ha estado tratando de vivir como si tuviera una personalidad de León. Después de años de trabajo duro, estará destrozado.

Esto debe ser frustrante, sabiendo que se ha vuelto tan quebrantado debido al estilo de vida competitivo, riguroso y algo severo que ensucia la vida de una personalidad León quebrantada. Esta personalidad de Buey finalmente descubre el terreno al que pertenece. En lugar de vivir el resto de su vida para trabajar como León y soportar el quebrantamiento que sigue, descubre que hay una manera mejor. Una forma que surge de forma natural. Este escenario es lo que desencadena el camino hacia la curación interior.

Este es el momento eureka, cuando la personalidad del Buey se encuentra y se aprecia a sí misma y a la belleza de sus dones. Saldrá al campo y trabajará con alegría. Esta vez, dará todo lo que tiene sin dudar ni tener miedo.

Cada tasa de producción es incomparable en este momento y su satisfacción laboral es abrumadora. Así como el Buey encuentra su fuerza en el deseo de llenar el granero y distribuir recursos, otros tipos de personalidad encontrarán su instinto más productivo y harán lo mismo. Sus dones de paciencia y poder de servicio consumen toda necesidad de pacificación y afirmación. La curación interior se volverá autogenerada y comenzará a florecer.

CAPÍTULO 19

Comprender el juego de roles en el liderazgo

> *Un individuo con la personalidad principal*
> *de Buey ha estado tratando de vivir como*
> *si tuviera una personalidad de León.*

Cuando tomé las riendas de ministrar a otros necesitados, me encontré en un lugar de gran perplejidad. Por un lado, hay personas que necesitan dirección, sanación y aliento. Por otro lado, aquí estoy, un líder que necesita comprender los dones de mi personalidad y cómo perfeccionar mis fortalezas para liderar de manera más efectiva.

Me tomó un tiempo antes de que pudiera decir: «Está bien, aquí estoy, y así es como dirijo». Estoy muy contento de que este punto haya llegado tan temprano en el proceso.

Hasta este punto, encontrarás que probarás y probarás varios estilos de liderazgo. Por lo tanto, puedes intentar liderar como una personalidad de Águila, cuando en realidad eres una personalidad de Hombre. Una de las dificultades es comprender a tu audiencia y tu mensaje para ellos.

El liderazgo efectivo comienza por escuchar. Al escuchar las necesidades de tu audiencia, puedes descubrir cómo comunicarles la respuesta. El segundo proceso es el aprendizaje. Aprender de lo dicho. Este es el proceso de tomar en consideración las necesidades de tu audiencia, para que puedas comenzar el tercer y más importante proceso de adaptación efectiva.

> *Tu éxito en el liderazgo estará determinado en gran medida por tu capacidad para comunicarte de manera impactante.*

Entonces, si el módulo anterior conduce a una comunicación y un liderazgo efectivos, ¿por qué no hacer la pregunta de liderazgo, «¿Qué es lo que estoy escuchando y por qué?». Saber cómo escuchas te ayudará enormemente a mejorar tu papel de liderazgo. Jesús dijo presta atención a cómo oyes.

Conocer tu personalidad principal mejorará tu forma de oír. Lo que escuches podría convertirte en un líder eficaz, ya que el liderazgo requiere una narración y una comunicación eficaces. Tu tipo de personalidad ayudará a evitar escuchar desde un lugar de presunción e impaciencia.

Otra responsabilidad importante como líder es traer sanidad al corazón quebrantado. La empatía juega un papel importante en mover a tu audiencia de un lugar de desesperación a un lugar de esperanza, donde están listos para ganar como equipo.

Jesús hizo exclusivo el privilegio de su liderazgo cuando anunció: «El Espíritu de Jehová el Señor está sobre mí, porque me ungió Jehová; me ha enviado a predicar buenas nuevas a los abatidos, a vendar a los quebrantados de corazón, a publicar libertad a los cautivos, y a los presos apertura de la cárcel» (Isaías 61:1).

Si tu personalidad principal es un Buey, entonces inclinarás la mayoría de las conversaciones hacia la empatía, la paciencia y la hospitalidad. Como alguien que tiene un papel principal, la pregunta que debes hacerte es «¿qué escucho de aquellos a quienes dirijo?». Si soy un Águila, exigente con las palabras y propenso a conclusiones rápidas, seguramente estaré dispuesto a demostrar más empatía que un Buey, que preferiría escuchar las palabras una y otra vez.

Por lo tanto, el líder Águila evitará la tentación de impacientarse o, peor aún, acusar a quien lidera. El líder Águila liderará con menos presunción porque uno de sus puntos fuertes es la capacidad de visualizar el final desde el principio. Es esta fortaleza la que puede convertirse en un factor limitante cuando un Águila rota está trabajando en equipo o como líder en la toma de decisiones y ejecución.

> *El conocimiento de tu personalidad principal*
> *mejorará la forma en que escuchas.*

Tu éxito en el liderazgo estará determinado en gran medida por tu capacidad para comunicarte de manera impactante. Nada es tan poderoso como alguien que lidera con un propósito, a diferencia de alguien que intenta encontrar el centro de su personalidad. Experimenté esto de primera mano, porque, aunque conocía mi personalidad principal, nunca supe cómo apropiarme de todas las pasiones y el impulso que surgió. Así que casi tuve que complacer a los demás o pedir disculpas por el método y el mensaje que elegí. Aquí es donde se forman muchos compromisos por coacción. Pero es hora de localizar tu esencia y personalidad. Si eres un águila, mantente fiel a volar a gran altura. Se necesitará determinación y tenacidad, pero solo siendo un Águila es donde mejor se ejerce el liderazgo, y lo mismo ocurre con las otras personalidades principales.

CAPÍTULO 20

Desarrollar habilidades de liderazgo

Hace años, descubrí qué método tenía el mayor impacto en mi proceso de aprendizaje. Pronto me di cuenta del tremendo impacto que las imágenes tenían en mí. Puedo retener poco al leer un libro, pero tan pronto como vea un documental, un seminario web o una película sobre el mismo tema, me impulsará a tener hambre de más conocimiento. Entender esto dio origen a mi insaciable búsqueda de sabiduría y conocimiento.

> *Encuentra el programa de aprendizaje universitario de tu vida e inscríbete para descubrir cuánto pondrá a tu disposición tu tipo de personalidad divina.*

No se puede desarrollar un Águila de la misma manera que se desarrolla un Buey.

Déjame decirlo de esta manera:

El novato necesita desarrollar el vuelo como una habilidad principal. Entonces, por naturaleza, las águilas construyen sus nidos en grandes alturas, en algún lugar por encima de los dos mil pies de altura. Esto envía un fuerte mensaje a los novatos de que el vuelo es su objetivo. El águila real ha conquistado casi todo el hemisferio norte, desde la costa oeste de América del Norte hasta la costa este de China. Son conocidos por construir nidos en la hendidura de las majestuosas montañas dolomitas, con bordes escarpados que provocan una caída peligrosa. Este entorno proporciona la motivación para el desarrollo del joven novato.

Define tu tipo de personalidad y acepta lo que Dios ha puesto en ti, para que puedas alinearte y disfrutar de la estrategia de desarrollo que te funcionará naturalmente. Finalmente puedes aceptar el ritmo de tu desarrollo personal. Ya no medirás tu desarrollo con el de los demás y vencerás la culpa y la tentación de convertirte en una copia de los demás.

El león y el águila son grandes cazadores. Uno es un maestro del aire mientras que el otro es un maestro de la tierra. Sin embargo, ambos tienen procesos de desarrollo muy diferentes. Si bien el águila habrá comenzado a perfeccionar sus habilidades de caza después de solo tres a seis semanas, el cachorro estará bajo la protección de sus padres durante más de un año antes de hacer lo mismo.

La pregunta es, ¿eres un águila, un león, un hombre o una personalidad de buey? ¿Qué métodos de desarrollo has trazado para ti mismo al reflexionar sobre tus tipos de personalidad primarios y secundarios?

Debo agregar aquí que, entre estos tipos de personalidad, la del Hombre tiende a inclinarse hacia un ritmo y un espacio de desarrollo mucho más lento.

Al igual que en el círculo de la vida natural, los humanos viven bajo el techo de sus padres hasta que se van para comenzar su propio hogar, a menudo en la veintena. Investigaciones recientes muestran que, debido a las crisis económicas, muchos jóvenes regresan a sus hogares por los costos generales más bajos.

Digámoslo suavemente: los niños ideales serán lo suficientemente responsables como para vivir como adultos exitosos antes de aventurarse. Eso es mucho comparado con los otros en la clase de tipos de personalidad divina.

Los atributos de inspiración desencadenaron lo que realmente es la personalidad del Hombre. La habilidad natural de inspirar a otros hace de esta personalidad un líder tan entusiasta. Se encuentran ayudando a otros a hacer realidad sus sueños, siempre dispuestos a tomar la iniciativa y sin miedo a inventar o interrumpir. Debido a esta flexibilidad natural y la confianza que muestra, la personalidad del hombre puede inclinarse hacia el juego de roles en lugar de explorar su papel único en la vida. Debido a todas estas distracciones, la personalidad del Hombre puede vivir toda su vida sin comprometerse con la verdadera esencia de su personalidad.

Sin embargo, en la mayoría de las circunstancias, la personalidad del hombre lucha por encontrar un significado y avanzar en la vida. Las personas conectadas con este tipo de personalidad a menudo están tan ansiosas por brindar apoyo que se pierden el grito de ayuda, a menudo fuerte, que es tan común en su personalidad.

CAPÍTULO 21

Despliegue de liderazgo

Hay un viejo refrán que dice: «No envíes a un niño a hacer el trabajo de un hombre».

El hecho es que el cachorro algún día tendrá que dejar el lado de su madre y valerse por sí mismo. El joven necesita dejar la comodidad del hogar para aventurarse y formar su propia familia. El águila tendrá que saltar del nido a cielos abiertos. El ternero eventualmente será destetado de la madre y se convertirá en productor para cosechar los beneficios del trabajo.

Se trata del despliegue de tipos de personalidad. Los líderes deberán pensar en replicar las bendiciones de cada uno. El futuro depende de la formación de futuros líderes que tengan una personalidad sólida.

> *Suscribo el concepto de que desarrollar un líder*
> *es el objetivo principal de todo liderazgo.*

En general, este concepto puede convertirse en un modelo que rescatará a la próxima generación. Hemos sido criados en una determinada caja y arrojados a un mundo que constantemente nos invita a romper cajas y convertirnos en únicos.

Es posible que pronto descubran que la próxima generación no estará tan dispuesta a salir de casa. Puede que no tengan el coraje de afrontar tiempos volátiles, inciertos, complejos y ambiguos. El liderazgo es saber cuándo y cómo preparar a la próxima generación para que puedan lograr más que su predecesor.

Adaptarse al futuro

Rompo la rueda del despliegue de liderazgo con el acrónimo LEAD (siglas en inglés):

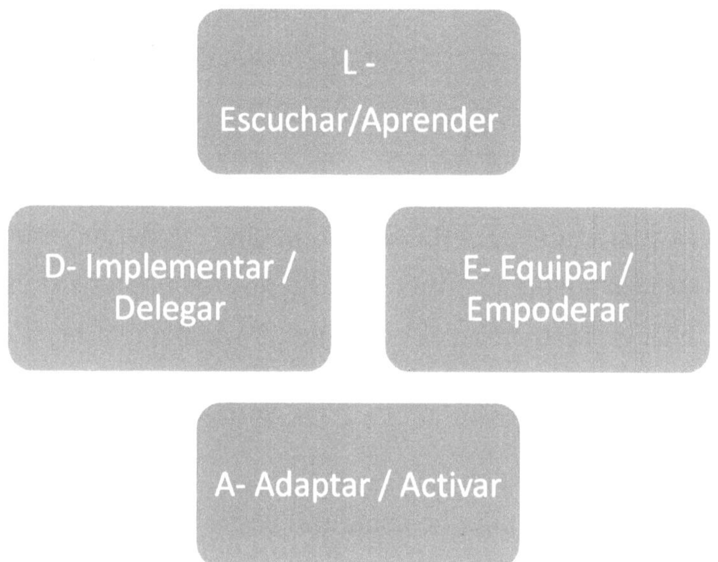

La implementación exitosa comienza con escuchar y un aprendizaje efectivo, como dijimos en el capítulo anterior. Solo cuando se comprende el propósito del aprendizaje, podemos equipar a los futuros líderes para potenciar el tipo de dones en su comunidad.

La adaptabilidad se centra en la implementación previa, donde se crean salas para la experimentación. Esta etapa es la más costosa en el despliegue del liderazgo, en la que los líderes pueden desanimarse por las incertidumbres que este proceso puede traer. La experimentación puede enviar líderes hacia atrás para equipar o empoderar aún más al equipo antes de que pueda tener lugar el despliegue.

> *«...Crea naturalmente un espacio saludable para la experimentación, el crecimiento y la replicación».*

Para una empresa, este es el momento de hablar sobre expandir las operaciones, añadir nuevos equipos o expandir las instalaciones existentes. Para una iglesia, es el momento de poner en marcha una iglesia satélite o un puesto misionero.

Creo que es el sueño de cualquier padre o líder ver a sus hijos o a los que lideran desarrollarse y lanzarse con éxito a su lugar reconocido en la vida. En un entorno cooperativo, suscribo el concepto de que el desarrollo de un líder es el objetivo principal de todo liderazgo. El despliegue es la prueba del liderazgo. Lo que sucede cuando el líder no está cerca determina la calidad del liderazgo. Cuando una estructura es construida con la implementación como valor central y cultural en el desarrollo del liderazgo, naturalmente crea un espacio saludable para la experimentación, el crecimiento y la replicación.

La replicación es el final más positivo de la duplicación. La duplicación es la posibilidad de crear una copia exacta, mientras que la replicación es la capacidad de recrear el mismo proceso en muchas fases. Para mejorar su liderazgo, es imperativo que las cuatro personalidades del hombre se comprendan completamente para poder enviar a la persona adecuada en el momento adecuado con el equipo adecuado.

¿Cuál es su resultado deseado? Por ejemplo, si la paciencia y el largo plazo son tu necesidad de actitud, no querrás involucrar una personalidad de León o de Hombre, sino una personalidad de Águila o Buey completamente madurada.

CAPÍTULO 22

Trabajo en equipo

John Maxwell dijo una vez: «El trabajo en equipo hace que el sueño funcione».

Es una gran bendición tener finalmente un equipo que puede llevarte a ti y a tu organización a otro nivel.

Hay personas que han construido con éxito grandes operadores de abajo hacia arriba, ayudando tanto a las personas como a las empresas a lograr objetivos impresionantes simplemente mostrando la importancia de estar en el equipo adecuado.

Estos expertos te dirán que se necesitan las personas adecuadas con las personalidades adecuadas para formar un equipo inmejorable. Los procesos de diversidad, inclusión o programación no son plausibles si las personas no tienen un conocimiento práctico real de los tipos de personalidad que poseen.

La fuerza de tu equipo se basa en la fuerza de cada individuo que forma el equipo. El valor de tu red depende de qué tan buenas sean las redes. Por lo tanto, antes de unirte a cualquier equipo o hacer uso de sus servicios, es posible que desees averiguar si tu personalidad principal puede encontrar expresión en el grupo.

Creo que esto es lo que buscan los empleados cuando entrevistan a posibles miembros del equipo. Buscan el que mejor se adapte a su empresa. Si vas a una entrevista, mi sugerencia es que te conozca a ti mismo y te relajes porque es posible que quienes te entrevisten tampoco tengan una comprensión completa de la persona que están buscando. A veces, todo lo que quieren es esa dulce y difusa sensación de «¡sí!» cuando entras al lugar.

Por lo tanto, te sugiero que hagas tu debida diligencia; conoce la historia, la visión y los valores fundamentales de la empresa antes de tu presentación. En última instancia, necesitan a alguien, y cuando entres, lo sabrán por tu verdadera personalidad madura.

Si anticipan un León para el trabajo y aparece un Águila, lo sabrán. He visto situaciones en las que un candidato vino para una entrevista completamente armado con un currículum vitae actualizado recientemente y todas las credenciales necesarias, pero el gerente decidió optar por un completo novato. Sin embargo, encontraron su Águila.

Esa historia, dicho sea de paso, fue de mi esposa trabajando en una empresa holandesa mientras ella no podía hablar o entender el holandés en ese momento.

¿Qué sensación tuvieron cuando entraste? ¿Están hablando tu idioma principal o secundario? En estos días, frases como «crear cultura» o «encontrar tu tribu» se utilizan a menudo para describir dónde se suscriben, pertenecen, encajan o se relacionan las personas. Sea cual sea el contexto que prefieras, ten en cuenta que tu círculo es crucial para el desarrollo.

Servir a un equipo a través de tu tipo de personalidad principal crea espacio para los que le rodean. Debes aprender el principio de completar en lugar de competir. Ya no estás amenazado por la singularidad de otras personalidades divinas, sino que estás listo para abrazar sus cualidades y colaborar en muchos niveles.

Entonces, antes de que te recluten en un equipo, formula estas preguntas.

1. ¿Cuál es mi idioma principal?
2. ¿Qué perspectiva dibuja mis primeras respuestas?
3. ¿Cómo escucho a los demás?
4. ¿Cuál es mi tendencia en la comunicación?

CAPÍTULO 23

Entendiendo a los miembros del equipo

Ser parte de algo más grande es la base para volverse significativo. Muchas personas quieren tener éxito porque sienten que les hará felices, pero es el sentimiento de importancia lo que crea la felicidad.

Al impactar la vida de los demás, disfrutarás de la belleza de vivir. Estas personalidades divinas son el modo de servicio de la humanidad. Sobre todo, tocamos la vida de las personas cuando tenemos paciencia. El trabajo en equipo puede ir a un ritmo muy diferente al tuyo.

> *Al impactar la vida de los demás,*
> *disfrutarás de la belleza de vivir.*

Es posible que tu equipo esté programado para completar un proyecto en cinco meses, pero podría prolongarse durante uno o dos años. La pregunta es, ¿cuánta paciencia tendrás y mantendrás la actitud correcta en el proceso? ¿Cómo traerás comprensión al equipo? Cuanto mayor sea el logro de un equipo, más profunda debería ser la comprensión de todos los miembros del equipo.

Aprendemos a honrar a todos en el equipo simplemente conociendo su tipo de personalidad. Es muy raro que deshonres a aquellos a quienes estás dispuesto a servir con respeto. En un equipo, aprenderás a celebrar la fuerza de tus compañeros de equipo. Podrás identificar ciertos tipos de personalidad que necesitan tu ayuda y atención en ciertos aspectos de sus vidas.

CAPÍTULO 24

Relaciones
románticas

«Necesitas casarte para disfrutarlo, no soportarlo».

Las relaciones han sido la causa de rompimiento más que cualquier otra institución en la Tierra, con diferencia. En el centro de cualquier relación está el profundo sentimiento de amor y ser amado. El amor es ese estímulo que anima a la humanidad, rica o pobre, a entrar en unión.

Las relaciones, en general, comienzan con el sueño de crecer juntos, trabajar juntos y construir una vida juntos. La Biblia incluso respaldó esto con muchas citas. Uno de ellos dice: «El que halla esposa halla el bien, y alcanza la benevolencia de Jehová» (Proverbios 18:22).

> *A menudo pensamos que, si la otra persona actúa bien, nosotros lo haremos. Eso es lo contrario en las relaciones.*

La salud de todas las relaciones depende de cuánto sepa cada persona sobre sí misma. A menudo asesoraba a las parejas antes del matrimonio, y en una de esas sesiones, les hacía preguntas como «¿cómo llegaste a este punto, sabiendo que él o ella es la persona indicada?». Por lo general, comienzan describiendo cortésmente todos los aspectos positivos que han informado su decisión.

Las respuestas irían seguidas de una buena lista de solicitudes para la otra persona. Describirían hechos hermosos que, de continuar, darían más significado a su relación.

A menudo pensamos que, si la otra persona actúa bien, nosotros lo haremos. Eso es lo contrario en las relaciones. Cuando encuentras a alguien que está interesado en ti, y hay una chispa de entusiasmo gestando, ¿sabes a qué me refiero?

Pregúntate cómo puedes marcar la diferencia en la vida de esta persona. Luego pregunta: «Si esta persona se enamora perdidamente de mí, ¿tengo lo que se necesita para mantener una relación saludable para el espíritu, el alma y el cuerpo de esta persona?». En tercer lugar, pregunta cómo puedes facilitar mejor el crecimiento de esta persona. Y, en cuarto lugar, pregunta si puedes protegerla espiritual, emocional y financieramente.

Conociendo la naturaleza humana y cuán egocéntricos somos, a estas alturas, muchos habrían dicho: «Tengo mucho amor para dar, así que creo que puedo».

> *Pregúntate cómo puedes marcar la diferencia en la vida de esta persona.*

Entonces, hagamos un examen. Si eres León y no sabes que la personalidad principal de tu pareja es Buey, ¿cómo puedes amarlo de la manera apropiada? ¿Cómo puedes mostrar tu amor como emprendedor y conductor a alguien que está estable, satisfecho y contento sin que tus irritaciones por el ritmo y los logros se interpongan en el camino?

Estos son problemas demasiado complejos si no realizas una investigación amorosa como la que estás haciendo ahora al leer este libro. No digo que sea imposible hacerlo. Al estar casado desde hace un par de años, con muchos altibajos, he aprendido lo importante que es depositar comprensión y conocimiento en tu banco emocional y espiritual.

Hay una declaración que dice: «Tienes que casarte para disfrutarlo, no para soportarlo». El amor motiva a muchos a soportar sus matrimonios, pero una sólida comprensión de quiénes somos y lo que llevamos a una relación es lo que determinará cuánto la disfrutes.

Antes de decir: «Sí, quiero», ¿conoces tu perfil espiritual? ¿Has hecho tu debida diligencia espiritual para saber cuáles son sus tipos de personalidad y si funcionan bien juntos?

Verás, muchos pueden tener una idea de a quién necesitan tener como pareja. Por ejemplo, un León (impulsado y persistente) puede terminar con un Águila (complejo y sensible) mientras que un Hombre (el inspirador) puede terminar con un Buey (el estable y satisfecho). Esto puede resultar en un conflicto regular, intercambios verbales negativos o, peor aún, el trato silencioso. En lugar de la complejidad del desacuerdo y la reconciliación constantes, una buena comprensión de tu perfil espiritual garantizará el respeto mutuo por las fortalezas y debilidades de cada uno.

Las personas que desean una personalidad en particular deben primero preguntarse quiénes son y si comprenden los aspectos negativos y positivos de dicha personalidad. Esta conciencia merece la pena. Ayuda a aprovechar la empatía y la preparación necesarias para el ajuste diario en las áreas de comunicación e inteligencia financiera, creando sistemas de apoyo emocional saludables alrededor de tu cónyuge e hijos.

Es prudente no suponer que el amor es todo lo que se necesita para ser feliz en una relación. Claro, necesitas el amor como una base sólida. Pero, como decían, la suposición es la madre de los líos. Es mucho mejor saber quién eres, tu carácter, tu identidad y qué te convierte en quien debes ser para tu pareja

CAPÍTULO 25

Adopción de personalidad

Hay casos que me gusta llamar «adopción de personalidad». Estas son situaciones en las que los individuos adoptarán una personalidad preferida simplemente porque disfrutan de ser vistos y respetados de esa manera. Como tal, se integran muy bien en ese entorno en ese momento. Debido a que las personas generalmente gravitan hacia demostraciones externas de fuerza, confianza y carisma, encontramos que muchas adoptan tales personalidades, cuando en el interior, son muy diferentes.

> *Cuando hables de curación y restauración, habla*
> *de una persona que finalmente ha encontrado*
> *un propósito y es capaz de fluir con él.*

Al declararse León cuando su personalidad principal es Buey, se suprime los rasgos cálidos y encantadores del Buey. Si tal individuo atrae a un Buey, puede que se sienta resentido o arrepentido porque supuestamente Dios está reflejando algunas de sus debilidades. Por lo general, esto debería servir como un lugar para atraer la curación y la restauración, pero en el caso de la adopción de la personalidad, este individuo se verá seriamente disuadido de tal proceso.

A menudo, escuchamos que los polos opuestos se atraen. Ese puede ser el caso, pero no se dice que, como individuos, también tenemos lados opuestos en nuestra vida personal. Tienes un lado positivo y uno negativo. Incluso si sientes que la otra persona es tu polo opuesto, no significa que lo sea, como demuestran muchas experiencias. Es posible que aún no hayas descubierto toda la gama de cualidades que posee tu tipo de personalidad. Entonces, esta persona ha venido a tu vida para iluminar áreas que estaban cerradas en ti o que no querías revelar.

Por lo general, como Dios quiere, podría ser para presentar una oportunidad que traiga consciencia de tu supuesto lado negativo. Si lo aceptas, esto, a su vez, será la fuente de restauración y curación para ti.

Toda relación romántica basada en un amor sano se presenta con una oportunidad de curación y restauración.

Es interesante cómo nos sentimos heridos cuando los más cercanos a nosotros intentan interferir con nuestro lado débil, pero permitimos que otros nos ayuden a curarnos desde lejos, ¡imagínate!

Esta declaración «los polos opuestos se atraen» puede generar interacciones negativas o positivas basadas en nuestra comprensión del perfil espiritual. Pueden plantear la complejidad, lo que a veces conduce al divorcio. Luchamos más por tratar de arreglar lo negativo de nuestras parejas cuando las relaciones en realidad se tratan de la comprensión de la personalidad como un regalo de Dios. «Los polos opuestos se atraen» es una frase y no una regla. Es posible que los cónyuges no se sientan cómodos con el reflejo de sus debilidades.

> *Este es un momento perfecto para comenzar a conocerse a sí mismo y hacer la pregunta correcta y alinear tu visión con respecto a tu tarea en la vida.*

Esta es una de las razones por las que debes comprender tu tipo de personalidad y tu perfil espiritual. Además, conoce y acepta tanto tus fortalezas como tus debilidades. Conviértelo en una prioridad y crea estrategias para el crecimiento dentro de tu relación. Acércate a Dios para que te cure y acepta la ayuda de tu cónyuge o futuro cónyuge.

En este punto, puedes preguntarte: «¿Puede mi cónyuge entender esto?». Si aplicas lo que aprendes, tu cónyuge comenzará a sentir tu esfuerzo. Respetará el espacio que creas para crecer y te apreciará aún más. Este éxito creará el mismo sentimiento de logro en sus corazones.

Entonces, en el futuro, es bueno hacer estas preguntas:

1. ¿Cuál es mi tipo de personalidad principal?
2. ¿Cuál es mi tipo de personalidad secundaria?
3. ¿Qué tipo primario y secundario puedo servir mejor?
4. ¿Qué tipo de personalidad funciona bien con mi proceso de curación?
5. ¿Cómo puedo conectarme a dicha ayuda?

Cómo es la restauración

León restaurado
Hombre restaurado
Buey restaurado

Águila restaurada

CAPÍTULO 26

Tabla de fortalezas y debilidades

CARA DE LEÓN - FUERZA		
1. Voluntad fuerte		24. Directo
2. Competitivo		25. Tenaz
3. No se desanima fácilmente		26. Buen organizador
4. Hace las cosas		27. Ambicioso
5. Seguro		28. Con propósito
6. Enérgico		29. Valiente
7. Atrevido		30. Se hace cargo
8. Decisivo		31. Le gustan los conflictos
9. Impulsor		32. Ve el panorama general
10. Le gustan los desafíos		33. Aventurero
11. Productivo		34. Pensador rápido
12. Audaz		35. Líder
13. Hablador		36. Admirado
14. Invencible		37. Asertivo
15. Le gusta la presión		38. Pionero
16. Le gusta corregir		39. Fuertemente intenso
17. Ama las situaciones productivas		40. Práctico
18. Agresivo		41. Eficiente
19. Orientado a objetivos		42. Determinado
20. Independiente		43. Persistente
21. Conflictivo		44. Fuerte y valiente
22. Dominante		45. Objetivo
23. Nunca pierde el tiempo		46. No tiembla
		47. Directo

CARA DE HOMBRE – FUERZA	
1. Popular	24. Gran visionario (ve todo el panorama)
2. Encantador	
3. Mente abierta	25. Aventurero
4. Vida de la fiesta	26. Admirable
5. Le gustan las multitudes	27. Pensador rápido
6. Maravilloso humor	28. Líder
7. Jovial	29. Asertivo
8. Potente	30. Pionero
9. Divertido	31. Alegre
10. Representativo	32. Tolerante
11. Ayuda	33. Confiado
12. Esperanzador	34. Generoso
13. Cuidadoso	35. Agradecido
14. Persuasivo	36. Sensible
15. Inspirador	37. Empático
16. Animado	38. Audaz
17. Refrescante	39. Bullicioso
18. Anima a otros	40. Sociable
19. Muy perspicaz	41. Expresivo
20. Enérgico	42. Verbal
21. Toque físico	43. Hospitalario
22. Gran narrador	44. Flexible
23. Buen mediador	45. Promocional
	46. Espontáneo

CARA DE BUEY - FUERZA	
1. Buen carácter	20. Apoya
2. Analizador del conocimiento del amor	21. Amable
	22. Vecinal
3. Analizador por diversión	23. Amistad profunda
4. Leal	24. Discreto
5. Habla suave	25. Detallado
6. Obediente	26. Creador de listas
7. Alegre	27. Exacto
8. Tolerante	28. Consciente
9. Confiable	29. Reservado
10. Generoso	30. Confiable
11. Apreciativo	31. Resiliente
12. Estable	32. Comprensivo
13. Objetivo	33. Resistencia mentalidad de largo recorrido
14. Decisivo	
15. Estructurado	34. Súper empático
16. Hospitalario	35. Gran miembro del equipo
17. Complaciente	36. Pensador generacional
18. Dispuesto	37. Gran disposición de criar
19. Agradable	

CARA DE ÁGUILA - FUERZA	
1. Cuidadoso	22. Reflectante
2. Complejo	23. Analiza para mejorarse a sí mismo
3. Auto-sacrificio	
4. Altos estándares	24. Amable y leal a unos pocos.
5. Respetuoso	25. De voz suave
6. Programado	26. Obediente
7. Ordenado	27. Silenciosamente intenso
8. Pensador profundo	28. Práctico
9. Planificador	29. Eficiente
10. Oyente intenso	30. Persistente
11. Idealista	31. Sensible
12. Reflexivo	32. Siente las cosas profundamente
13. Temeroso de Dios	33. Experto
14. Preciso	34. Competente
15. Termina el trabajo	35. Alerta
16. Deseoso de entregarse	36. Celoso
17. Devoto	37. Servidor
18. Le encantan las bellas artes	38. Detallista
19. Gran concentración	39. Leal (gran amigo aunque pocos)
20. Consciente del tiempo	40. Enfoque profesional
21. Protector	

DEBILIDAD EN LOS TIPOS DE PERSONALIDAD
LEÓN - Debilidades 1. Controlador 2. Dominante 3. Presuntuoso 4. Problemas de ira 5. Adicto al trabajo 6. Siempre en lo correcto 7. Vengativo
CARA DEL HOMBRE - Debilidad 1. Distraído 2. Discontinuidad 3. Amargura 4. Arrebato de ira 5. Culpabiliza 6. Mentir o exagerar 7. Solitario
CARA DEL BUEY - Debilidades 1. Pereza 2. Pérdida de tiempo 3. Evasión 4. Susceptible a una relación abusiva 5. Abuso de sustancias 6. Incansablemente idealista 7. Falta de practicidad
CARA DEL ÁGUILA - Debilidad 1. Actitud crítica 2. Muy terco 3. Guarda rencor durante un largo período de tiempo (a veces sin perdón) 4. Inseguridad 5. Defensivo 6. Autocompasión 7. Soledad

CAPÍTULO 27

Proyecto de Restauración

Resumen De Cómo Restaurar La Personalidad

«Y el aspecto de sus caras era cara de hombre, y cara de león al lado derecho de los cuatro, y cara de buey a la izquierda en los cuatro; asimismo había en los cuatro cara de águila» (Ezequiel 1:10).

(Para más investigación sobre las cuatro personalidades, lee Ezequiel 10:4 y Apocalipsis 4:7)

Aunque esta no es una descripción general completa, la esperanza es que proporcione un marco sobre el cual construir. Confío en que te ayudará a trazar tu proceso de restauración personal y, en el futuro, podrás ayudar a otros con el suyo. También puede ser valioso para las clases de vida grupal para ayudar a otros a encontrar curación y restauración.

Cuando hables de curación y restauración, habla de una persona que finalmente ha encontrado un propósito y es capaz de fluir con él. Lo primero que debes pensar es que nada vale la pena a menos que alimentes un propósito. La urgencia de cambiar el mundo o marcar una diferencia en la vida de las personas abrumará el miedo y la duda.

Imagínate a un León que nunca recibió el entrenamiento adecuado para alcanzar la restauración. Solo usará su asertividad para controlar y mandar a todos a su alrededor, generalmente debido a su gran sentido del sarcasmo, y creará más personas quebrantadas a su alrededor. Un Águila se volverá aún más crítica y atacará con comentarios negativos, desgarrando a los demás con una garra viciosa de agresión pasiva. Una personalidad de Buey puede seguir el camino de la pereza y se vuelve descuidada con la vida, lo que a menudo conduce a prácticas y comportamientos adictivos. Sucumbirá a abusos de todo tipo debido a una identidad rota, y el rostro de Hombre terminará siendo un individuo muy amargado, implacable en condenar, acusar y tomar represalias contra los demás.

León restaurado

La personalidad del León es la personalidad del hacedor. Hacedor simplemente significa que el León es ese individuo que parece tener un enfoque impulsado de la vida. Él o ella tiene esta actitud de «si debe hacerse, debe hacerse ahora». Son los persistentes. Encontrarán la manera de producir resultados, a pesar de los obstáculos. Jesús se llamó a sí mismo el León de la tribu de Judá.

Un León restaurado se convierte en una personalidad amable pero segura que utiliza su perseverancia y determinación orientada a objetivos para proteger a los tímidos y temerosos. Serán desafiados por su abnegación y se volverán incansables en su impulso para velar por el bienestar de todos. La ventaja competitiva se utiliza con un propósito más constructivo como motivador, entrenador o mentor para abrir el camino a otros y dar un gran ejemplo de humilde triunfador.

Hombre restaurado

La personalidad del Hombre es la personalidad inspiradora. Viven para llevar alegría a la vida de los demás. Están muy motivados para ver a otros alcanzar sus metas y están satisfechos únicamente cuando otros han descubierto su tarea. Estas son las personas a las que le gusta la gente. Prosperan en un entorno en el que se empodera a otros y harán su parte en el proceso de empoderamiento con gran deleite. Son sus motivadores, entrenadores e instructores originales. Una cualidad sobresaliente de la personalidad del hombre es la capacidad de iniciar cualquier proyecto importante. Les encantan las sesiones de lluvia de ideas y el proceso creativo.

La personalidad restaurada del Hombre es un inspirador que ha destruido esa molesta sensación de rendimiento y agradar a la gente. Ya no intentarán impresionar a todos y ayudarán a los demás por temor a no ser aceptados. El Hombre será un inspirador que se rinda al hecho de que la inspiración es subjetiva; todo depende de la voluntad de las personas para recibir y adaptar ideas. Utilizarán la innovación y la creatividad como un lugar de paz y alegría para inspirar a otros a soñar lo imposible. Comprenderán que el poder de dar un paso atrás a veces significa seguir adelante y ser guiados no es una pérdida de influencia.

Buey restaurado

El Buey es esa personalidad que parece satisfecha con la vida. Esta satisfacción proviene de un lugar profundo de seguridad y paz divinas. Están muy satisfechos con todo lo que han logrado, sea pequeño o grande. Tienen una fuerza innata de satisfacción sólida y no tienen un deseo apremiante de destruir la paz por nada. Son pacientes y comprensivos, actúan como refugio para otros en problemas. Son tus anfitriones o azafatas de primer nivel con un deseo incansable de que la gente llegue a su lugar de descanso. Son grandes en el negocio de la hospitalidad y la atención y tienen la gran capacidad de crear riqueza estable para la próxima generación a través de empresas pacientes. Son tu individuo parecido a un ángel con una disposición de paz para el mundo.

La personalidad del Buey recupera la confianza y la autoestima. Es un lugar de valor y responsabilidad. Se les ha devuelto la idea de que son más necesarios de lo que se dan cuenta. Entonces, la realización y la autoconciencia son los milagros en el proceso de restauración de la personalidad del Buey. La personalidad de Buey restaurada será muy evidente en su nivel de productividad. En todos estos tipos de personalidad, el Buey se inclina hacia la realización financiera. El Buey restaurado será liberado del lugar de la complacencia en el autodesarrollo; comenzarán a apreciar y celebrar sus logros personales.

Águila restaurada

La personalidad del Águila es el máximo representante divino de una visión perfecta. Son los individuos con una fuerte determinación para el futuro y una disposición casi futurista. Son, en muchos aspectos, los más disciplinados entre las demás personalidades. Son los triunfadores más altos, con un fuerte gusto por los ganadores en cualquier campo que elijan. Esto se debe a su enfoque sensato de la vida. Son verdaderamente el estándar divino de excelencia. Debido a su pensamiento de precisión, en su mayoría son individuos decididos con poco espacio para la distracción. Es seguro decir que les encantan las cifras debido a las sólidas conclusiones que aportan. Para el Águila, no hay lugar para el error, mostrando los dones divinos de conocimiento, sabiduría y poder de Dios. Por lo tanto, la personalidad original del Águila es excelente en el comercio como las industrias de datos, las industrias de la arquitectura, los especialistas en informática, los médicos quirúrgicos y otras labores que requieren precisión.

El Águila restaurada encuentra descanso en cosas simples. La restauración del Águila incluye la aceptación de otros y sus diversos desafíos. Las águilas se volverán menos críticas consigo mismas y comenzarán a ver el fracaso como parte del proceso de crecimiento, abriéndose a la experimentación y las interrupciones. Las Águilas Restauradas aceptarán sus malas acciones y se enmendarán. El Águila restaurada es un poderoso visionario que se abrirá al compartir y al liderazgo, en lugar de asumir que serán malinterpretados. La personalidad del Águila adolece de la debilidad de la suposición. Puede ser una verdadera lucha debido al profundo sentimiento de que nadie puede cumplir con sus estándares. Esta mentalidad puede haber sido la causa que estimuló el instinto de soledad en el Águila. Crea una barrera invisible que oculta los consejos que valen la pena, pero la restauración ayuda al Águila a bajar la guardia para mejorar su vida y crecer.

❧

NOTA FINAL

«Te alabaré; porque formidables, maravillosas son tus obras; estoy maravillado, y mi alma lo sabe muy bien» (Salmo 139:14).

Este versículo habla firmemente sobre el misterio de la sabiduría de Dios, en cuanto a la maravillosa combinación de personalidades tan poderosas para crear un ser integral llamado humanidad. Intrincadamente entretejidos, estos tipos de personalidad son un estudio digno.

En retrospectiva, debemos desarrollar una gran relación de trabajo con Dios y con nosotros mismos antes que cualquier otra relación, como personas, dinero, carrera e incluso tener hijos, para no estar tan absortos en los demás que descuidemos las riquezas y la gloria de Dios.

Izquierda	Derecha
Cara de hombre (el líder) 1. Inspirador 2. Entusiasta 3. Buen inicio	Cara de buey (el seguidor) 1. Los satisfechos 2. El contenido 3. El gentil (como un ángel)
Cara de león (el líder) 1. El Hacedor 2. El conductor 3. El persistente	Cara de águila (el seguidor) 1. Complejo 2. Cauteloso 3. Sensible